사업이 성공하려면 세일즈가 성공해야 한다!

고객의 마음을 움직이는 1인세일즈

김수민
지음

사업가
필독도서

비즈니스
필독도서

1인세일즈연구소 김수민 회장의 이야기와 깨달음

사업의 결과는 세일즈다!
고객의 마음을 움직이는
1인세일즈로 성공하라!

시현
미디어

당신은 특별한 사람이라고 생각합니까?
난 특별한 사람이라고 생각합니다.

당신은 품위 있고 고급스러운 사람입니까?
난 품위 있고 고급스러운 사람입니다.

당신은 당신 자신을 소중하게 생각하고 사랑합니까?
난 내 자신이 너무나 소중하고 사랑합니다.

내가 나를 사랑해야 상대방도 나를 사랑합니다.
상대방을 진정 사랑해야 상대방도 나를 진정 사랑합니다.

왜 내 마음을 몰라주지... 하며 아직도 남의 탓만 하고 계십니까?

습관 1%만 바꿔도 인생이 달라집니다.

무엇보다 먼저 습관을 바꾸십시오.

결국엔 습관을 지배하는 자가 승리합니다.

성공하는 습관은 성공의 기초 자본입니다.

지금 성공하는 습관을 기르지 않으면
1년 후, 3년 후, 5년 후가 보장되지 않습니다.

[내 인생을 바꾼 한 권의 책]

차례

머리말 _ 김수민의 감성세일즈 _ 7

01 1인세일즈로 인생역전하다

나의 직업은 작가, 강연가, 사업가이다 _ 12
당신의 가치를 업그레이드하라 _ 14
김수민의 세일즈 방법 _ 17
스마트하게 상담하라 _ 22
고객과 친구가 되어라 _ 24
고객 유형별 상담 전략을 세워라 _ 26
고객은 관리대로 만들어 진다 _ 30

02 김수민의 1인세일즈 스토리

첫 직장 유학원 _ 33
미국에서의 느낌 _ 43
미국에서 만난 친구 _ 45
눈으로 보이는 것으로 판단하던 20대 _ 49
비행기에서의 특별한 인연- 뉴질랜드에 가다 _ 51
비행기에서의 특별한 인연 – 홍콩에 가다 _ 57
비행기에서의 특별한 인연 – 뉴욕에 가다 _ 59
직장을 그만두고 병원코디네이터가 되다 _ 62
교육원에서 병원코디네이터 과정에 등록하던 날 _ 64
병원코디네이터로 여성의원에 입사하다 _ 67
사내 직원들과 친해지는 방법 _ 70
고객이 보는 나 _ 73
30대의 김수민 _ 82
병원코디네이터협회 심사위원장을 하다 _ 84
끊임없이 배우고 투자 하라 _ 87
성형외과 면접을 보다 _ 92
성형외과에 입사하다 _ 97
성형외과에 적응하다 _ 101
나의 일에 애정을 갖다 _ 104
성형외과에서 만난 나의 고객들 _ 107
성형외과에서의 성과 _ 121
성형외과를 그만두다 _ 123
봉사활동, 크리스마스에 만난 그 아이들 _ 125
봉사활동, 임종을 기다리는 어르신들 _ 129
40대 김수민, 대학원에 입학하여 직원이 되다 _ 132
직장을 그만두고 나만의 직업을 갖다 _ 142

03 1인세일즈 성공마인드

서비스 불감증에서 벗어나라 _ 144
고객의 오감을 만족시켜라 _ 150
서비스의 한계를 뛰어넘어라 _ 154
먼저 자부심을 가져라 _ 158
서비스는 장식이 아니라 생존 전략이다 _ 162
일등공신을 현장에 남겨라 _ 165
윗물이 맑아야 아랫물이 맑다 _ 169
인간은 이성적 존재, 고객은 감성적 존재 _ 173
고객은 누구나 특별한 사람이다 _ 178
고객은 라이벌이 아니다 _ 181
기준은 고객이 정한다 _ 184
고객의 요구는 항상 진화 한다 _ 187
고객도 자격이 필요한 시대이다 _ 190
칭찬은 서비스의 도화선이다 _ 193
불만 표현에도 요령이 있다 _ 196
타고난 서비스인을 선택하라 _ 200
친절 위에 카리스마를 얹어라 _ 207
즐겁게 가르치면 즐겁게 행한다 _ 211

세일즈 트렌드가 바뀌었다!
이젠 감성세일즈의 시대.
당신은 천재 세일즈맨이다.

-김수민 회장-

[머리말]

김수민의 감성세일즈

현대 사회는 대통령조차도 세일즈를 해야 합니다. 우리나라에서 세일즈 외교라는 말이 본격적으로 사용되기 시작한 것은 김영삼 정부 때부터입니다.

그 뒤 정부들도 모두 이 표현을 즐겨 사용했는데 특히 심했던 것은 이명박 정부입니다. 심지어 '실용적 세일즈 외교'라는 말까지 했습니다.

세일즈라는 것 자체가 실용적인 것이고 '이념적 세일즈 외교'라는 말이 성립할 수 없는데도 그런 말을 자랑스럽게 사용했습니다. 오바마도 못 말린 박근혜의 '김치 세일즈'도 우리는 익히 알 수 있습니다.

물론 책을 한 권 달달 외운다고 해서 세일즈 스킬을 완벽하게 습득할 수 있는 것은 아닙니다. 당신 역시 책으로 기본적인 원리를 익히고 현장에서 수많은 시행착오를 겪으며 경험을 축적했을 것입니다. 그런데 성공하셨습니까?

감성 코칭 전문가 김수민

감성 코칭 전문가 김수민이 코칭한대로

1. 고객의 유형을 파악하여
2. 고객만족 서비스를 하고
3. 고객 관리를 한다면 반드시 성공할 수 있습니다.

세일즈맨은 나와 상담을 하길 원하고 1대1로 코칭 받길 희망합니다. 사업가는 회사의 문제점을 알기 위해 회사 모니터링을 의뢰합니다. 강연가는 내게 코칭 받고 강연을 합니다.

사람 만나는 걸 좋아하는 나는 다양한 고객들과 만나 이야기를 듣고 상담하고 1대1 코칭을 받고 강연하고 또 강연할 장소를 제공할 수 있어 행복합니다.

난 나 혼자 잘 되는 것을 원치 않습니다. 내가 선물을 하면 선물 받은 상대가 기뻐하는 모습에 난 행복합니다. 그와 같이 일적으로 함께 나누고 함께 결실을 맺으면 그보다 행복한 게 없습니다.

우린 똑똑한 고객 서비스를 해야 합니다. 고객에게 감성서비스를 해야 합니다. 우리가 잘 알고 있는 사업가, 전 국회의원, 대통령 후보였던 안철수도 '아이 같은 말투'로 인해 전문적인 스피치 코칭을 받고 아이 같은 말투가 없어졌습니다. 그때 지지율이 갑자기 늘었습니다.

세일즈맨은 자신감이 있어야 합니다. 발음 교정 발성 손동작도 코칭 받습니다. 내가 만난 세일즈맨들은 항상 자신은 세일즈가 자신 있다고 당당히 말합니다. 하지만 성과는 없습니다. 난 잘 하는데 고객이 무지해서 제품을 사지 않는다고 합니다.

테니스를 15년 이상 친 사람들도 더 잘 치기 위해 레슨을 받습니다. 그들은 이미 잘하지만 더 잘하고 싶어 합니다. 사회생활을 오래 하고 30대 중반에 낳은 아이의 육아로 일하기 어려웠습니다.

아이가 어린이집을 가고 유치원을 가게 되면서 일을 다시 시작하였습니다. 9시에 출근해서 7시에 퇴근하는 직장에서는 일할 수 없었습니다. 아니 그렇게 일하기도 싫었습니다.

예전에 근무하던 직장에서 다시 오라고 권유받아 다시 출근하였습니다. 하지만 얼마 후 대표님에게 정중히 인사를 드리고 퇴사를 하였습니다.

내게 맞지 않는 일을 하고 더 이상 원하지 않는 일을 하며 시간을 보내고 싶지 않습니다. 직장인은 대표를 위해서 일을 합니다. 난 이젠 나를 위해 일을 하고 싶고 내 이름을 걸고 명성을 갖고 싶었습니다.

보통 아이를 낳은 주부들은 육아로 인해 일하기 어렵습니다. 아이가 큰 후에 경력단절 여성들이 입사할 곳은 더더욱 없습니다.

그랬던 내가 책을 쓰고 작가가 되었고 1대1 코칭을 하며 감성코칭 전문가가 되어 강연도 하는 강연가이며 한 회사의 대표인 사업가입니다.

20대에 교육원에서 일을 할 때 350만 원이란 과정의 교육생들이 한 타임에 10명 정도 함께 배우고 내 교육생들에게 강연을 하던 난 1주일에 한 번씩 3시간 강연을 하고 한 달에 받는 비용이 평범한 직장인들의 두 달 급여였습니다.

협회 심사위원장의 급여도 좋았습니다. 20대에는 강사 일이 재미없었고 큰 조직에 들어가 많은 경험을 접하며 내 커리어를 쌓고 싶었습니다.

강연가란 직업은 너무나도 큰 매력이 있습니다. 나의 이야기를 들어주는 교육생들의 눈빛은 세상에서 제일 아름다운 눈빛입니다. 강연이 끝나고 박수의 갈채는 큰 희열을 느낄 수 있습니다.

작가가 되어 책을 쓰고 강연을 하니 책을 쓰기 전보다 많이 공들여 말하지 않아도 됩니다. 나의 책을 읽고 나를 만나기 위하여 온 마니아 고객도 많이 만날 수 있습니다. 책을 쓰고 강연을 하면 성공할 수 있는 지름길로 갑니다.

강연가의 길은 특히 나이가 들수록 더욱 좋습니다. 여러 가지의 일들을 경험하고 사례를 공유하니 더욱 깊이가 있으며, 인생을 경험하며 내가 직접 크게 깨달으니 더 좋은 강연도 할 수 있고 좋은 코칭도 할 수 있습니다.

직장 일을 할 때처럼 하루 종일 근무하지 않으니 시간이 많아 좋습니다. 독박 육아로 몸도 마음도 아팠던 난 건강도 되찾고 나의 오랜 꿈을 이루니 행복하고, 가족들과 함께 매일 아름답고 소중한 추억들을 만드니 너무나 행복합니다.

2018년 11월 11일
김수민 회장

김수민 회장의 이야기와 깨달음
나의 직업은 작가, 강연가, 사업가이다

당신의 직업은 무엇입니까?

나는 작가, 강연가, 사업가입니다.

[1] 작가로서 난 어제 오늘 있었던 일들을 늘 책으로 쓰고 있습니다
[2] 강연가로서 강연을 하면서 누리는 시간이 많아져 행복합니다
[3] 사업가로써 1대1 코칭을 하고, 감성서비스 전문가 양성을 합니다

난 많은 자격증을 취득해 두었습니다. 병원코디네이터, 서비스강사 1급, 이미지 메이킹 1급, 요가 강사, 피부관리사, 간호사, 미술심리치료사, 바리스타, 아동요리 지도사, 감성코치 전문가,

사회복지사 등 학교 공부도 게을리 하지 않았기에 석사 학위도 받았고 박사과정도 준비하고 있습니다.

난 깨달았습니다. 수많은 자격증보다 자신의 가치를 알고 깨닫고 좋은 멘토를 만나 진정 자신이 원하는 길이 무엇인지를 찾고 자신만의 사업을 하며 성공의 지름길을 함께 가자고 진정 말하고 싶습니다.

이제 나는 자격증을 따는 위치가 아닌 자격증을 만들어 파는 사업가가 되었습니다. 당신의 위치는 어디입니까?

김수민 회장의 이야기와 깨달음
당신의 가치를 업그레이드하라

　코칭의 힘은 대단합니다. 코칭을 통해 업그레이드할 수 있습니다. 세일즈 현장을 다니다 보면 판매를 잘하는 직원들에게는 같은 공통점이 있습니다.

　첫째, 표정이 밝고 항상 긍정적입니다. 늘 미소를 잃지 않습니다. 매사에 불평보다는 긍정적으로 생각하고 즐겁게 임합니다.

　둘째, 고객 관리를 잘합니다. 한 건 계약을 끝이 아니라 오히려 시작이라 생각합니다. 처음 계약을 맺은 고객들을 꾸준하게 관리하며 추가 또는 소개 판매를 이끌어냅니다.

　셋째, 교육에 적극적으로 참여합니다. 많은 세일즈맨들이 자신은 세일즈에 관한 모든 기술들을 알고 있어서 교육은 더 이상 필요 없다고 생각합니다.

그러나 판매를 잘하는 직원들은 교육의 힘을 알기 때문에 바빠도 교육에 적극적으로 참여합니다. 그들은 열심히 메모하고 추가 자료를 모으며 궁금한 것은 질문하고 제대로 이해하려 합니다.

세일즈 조직은 세일즈맨들의 역량을 지속적으로 키우기 위해 양질의 교육을 많이 해야 합니다. 무한 경쟁 시대에는 직원의 역량이 곧 기업 성장의 핵심요소라고 해도 과언이 아닙니다.

세일즈 스킬 교육이든, 제품 교육이든, CS 교육이든, 마인드 교육이든, 이미지 메이킹 교육이든 상관없습니다. 교육으로 똘똘 뭉쳐진 세일즈맨은 절대 지치지 않습니다. 그런 조직은 기본기가 탄탄하기 때문에 쉽게 무너지지 않고 좋은 성과를 냅니다.

세일즈 관리자는 당장의 실적만 바라보는 것이 아니라 향후 조직의 미래를 계획하고 이끄는 인적자원, 즉 역량 있는 세일즈맨을 키우는 패러다임으로 접근해야 합니다.

교육만이 능사는 아닙니다. 교육을 받은 후에는 자신의 세일즈 스타일로 적용해 봐야 합니다. 양질의 교육을 받고 반복적으로 학습을 해야 합니다. 꾸준한 교육과 반복 학습으로 무장하다 보면 그것이 자신 안에 쌓여 변곡점의 밑천이 될 것입니다.

세일즈맨은 자부심이 있어야 합니다.

첫째, 자신이 몸담고 있는 조직에 대한 자부심
둘째, 제품에 대한 자부심
셋째, 당신 자신에 대한 자부심
넷째, 세일즈라는 직업에 대한 자부심

당신은 세일즈맨으로서 긍지와 자부심을 느끼십니까? 긍정적으로 답할 수 없다면 눈앞의 실적보다 어떻게 하면 자부심을 채워 나갈지를 먼저 진지하게 고민해야 합니다. 그런 후에 세일즈를 즐기면 됩니다.

김수민 회장의 이야기와 깨달음

김수민의 세일즈 방법

감성서비스가 부족하면 고객이 등 돌리는 세상입니다. 바로 무한서비스 경쟁시대입니다. 그만큼 서비스 혁명이 필요한 21세기 정답은 고객을 잘 알고 사랑에 빠지고 유혹을 해야 합니다.

까다로운 고객 유혹하기 1단계 : 고객의 마음을 먼저 움직여라

경쟁시대에서 고객들은 과연 무엇을 원하는가?

첫째, 먼저 말을 걸어주기를 바랍니다

둘째, 자신을 기억해주기를 원합니다
셋째, 많은 시간을 배려했으면 합니다
넷째, 자신의 마음을 알아주기를 바랍니다
다섯째, 적절한 보상을 바랍니다
여섯째, 차별화된 상품과 서비스를 바랍니다

고객들의 기대 심리는 다양하지만 가장 기본은 고객의 마음을 먼저 읽어주는 데 있습니다. 사업으로 성공을 하려면 고객의 마음에 드는 상품이나 서비스를 내놓아야 합니다.

고객의 마음을 읽을 수 있는 방법은 먼저 고객과 친해져야 합니다. 만남의 첫인상부터 고객이 필요한 정보를 알아서 제공하는 것, 고객에게 인사하기, 전화 응대 등은 고객과 친해지기 첫 번째 관문입니다. 그다음에 고객의 신뢰를 얻어야 합니다.

까다로운 고객 유혹하기 2단계 : 고객이라고 다 똑같지 않다

고객의 유형은 너무나 다양합니다. 고객의 욕구도 소득, 생활 수준, 취미, 지식 그리고 직장이나 고객 자신의 성격에 따라 각양각색입니다.

결정에 불친절한 고객, 의심이 많은 고객, 충동적인 고객, 적극적인 고객 등 다양한 유형을 잘 파악해서 관리하는 것이 중요합니다. 최고의 서비스는 고객에 대한 친절입니다.

쑥스러움을 많이 타는 고객과 적극적인 고객이 있습니다. 쑥스러움을 많이 타는 고객에게는 오히려 말을 많이 하기 보다는 항목별로 질문하는 개방형 대화가 좋습니다.

구매 결정에 많은 시간이 소요된다고 자신이 직접 결정해주거나 말로 압도하여서는 안 됩니다.

적극적인 고객은 자신을 낮추고 고객을 존중하여 자존심을 만족시켜줘야 합니다. 요구 사항이 많고 결정을 서두르는 행동력을 보이는 경우도 있으므로 냉정함을 잃지 않고 차분하게 대해야 합니다.

그러나 문제는 모든 고객이 다 같은 고객이 아니라는 점입니다. 먼저 회사나 점포에 맞지 않는 고객, 신용이 나쁜 고객, 비경제적이며 비효율적인 고객, 가격만 따지고 불평불만만 하는 고객 등이 있습니다.

이러한 고객들을 어떻게 관리하고 대처해야 하는가를 잘 판단해야 합니다. 기피해야 할 고객에 쏟을 에너지를 차라리 충성 고객에게 집중하는 것이 중요합니다.

까다로운 고객 유혹하기 3단계 : 고객의 지갑을 열게 하라

의외로 사소한 행동이 고객의 마음을 사로잡아 고객 스스로 지갑을 열게 만들기도 합니다. 고객의 지갑을 열게 하는 방법은 무엇일까요?

먼저 입소문을 적극적으로 활용해야 합니다. 최고의 마케터는 고객이며, 최고의 홍보는 고객의 입입니다.

고객이 끊이지 않기 위해서는

첫째, 항상 간판 상품 개발에 신경을 써야 합니다
둘째, 고객을 위한 이벤트를 자주 열어야 합니다
셋째, 고객의 불평에 귀를 기울여야 합니다
넷째, 불평 많은 고객일수록 진짜 고객임을 잊지 말아야 합니다

무엇보다 매체 홍보보다 상품의 질로 승부해야 한다는 마인드를 가져야 합니다. 한번 온 고객은 기록해두고 관리하여야 합니다. 지금 당장 구매를 하지 않더라도 가망고객으로 간주하고 최선의 서비스를 다하여야 합니다.

까다로운 고객 유혹하기 4단계 : 영원한 고객으로 만들라

고객 서비스는 왜 중요할까요? 서비스에 만족한 고객은 다시 구매하는 고객이 될 뿐만 아니라 또 다른 새로운 고객을 창출하

는데 지대한 영향으로 미칩니다.

　새로운 고객이 단골 고객이 되면 기업의 부를 안겨주는 충성 고객이 되는 것입니다. 불황기일수록 고객을 위한 서비스 전략이 필요합니다. 효과적인 고객 니즈 파악과 불황기에 적합한 마케팅 전략이 필요합니다.

　직원이 곧 고객과의 첫 번째 접점입니다. 직원 만족이 곧 고객 만족을 이끕니다. 사업은 운과 노력이 필요하지만 무엇보다 고객에 대한 신뢰가 충성 고객을 만드는 밑거름이 됩니다. 1차 고객은 내부고객인 직원이고 2차 고객은 외부고객입니다.

　오늘날 고객들은 과거 어느 때보다도 까다로워졌습니다. 고객의 이름을 기억해야 하고 고객의 입장에서 생각하며 고객의 움직임을 읽고 센스 있게 대응해야 합니다.

김수민 회장의 이야기와 깨달음
스마트하게 상담하라

완벽하게 준비하고 똑똑하게 만나야 합니다. 영업의 꽃을 피우려면 고객을 많이 만나야 합니다. 만남에 앞서 무엇보다 중요한 것이 있습니다. 약속을 잡는 것입니다.

약속한 날 고객에게 사전에 연락해 약속 시간을 최종 점검할 필요가 있습니다. "고객님, 오늘 10시 30분에 만나 뵙기로 한 것 잊지 않으셨지요? 잠시 후에 뵙겠습니다."라고 약속 시간을 재확인합니다.

고객은 약속을 종종 잊곤 합니다. 때문에 약속 전에 일정을 체크하면 고객이 약속을 잊어 만남이 취소될 가능성도 적고 고객

입장에서는 이런 모습에 더 신뢰감을 느낄 수 있습니다.

Q. 평소 당신의 약속 습관은 어떤가요?

1. 미리 도착한다
2. 정시에 온다
3. 가끔 늦는다
4. 항상 늦는다

1번이 되어야 합니다. 만약 2번이라고 답했다면 다시 생각해 볼 필요가 있습니다. 정시에 맞추려다 보면 3번처럼 꼭 늦는 때가 생깁니다. 저는 시계를 15분 빨리 맞춰놓습니다. "길이 막혀서요." "버스가 늦게 와서요."라는 핑계는 고객에게 통하지 않습니다.

실패하는 사람은 허둥대고, 잊어버리고, 변명하는 세 가지 결점이 있습니다. 성공하는 사람은 준비하고, 일찍 도착하고, 미리 몸을 푸는 세 가지 장점을 가지고 있습니다.

어느 세일즈맨은 여유롭게 도착하여 미팅 자료를 검토하고 그 날 제안할 제품에 대하여 숙지를 하고 판매를 성공으로 이끕니다.

김수민 회장의 이야기와 깨달음
고객과 친구가 되어라

세일즈맨은 고객과 친해져야 합니다. 세일즈맨은 고객과 친해질수록 좀 더 편안한 분위기를 연출할 수 있고, 제품을 설명하는 데 들이는 노력과 시간을 절약할 수 있습니다.

첫째, 고객의 이름을 불러 줍니다
둘째, 나를 오픈합니다 (가족 사항이나 취미를 나열하면 좋다.)
셋째, '우리'가 됩니다
넷째, '감사합니다!'라고 자주 표현합니다

고객과 처음 만났거나 서먹서먹한 관계라면 "감사합니다."라는 말을 많이 합니다.

"직접 전화 주셔서 감사합니다." "먼 곳까지 찾아와주셔서 감사합니다."처럼 대화의 물꼬를 트는 방법은 '고맙다'고 말하는 것입니다.

상대에게 대화에 참여해 준 것에 대해 진심 어린 감사를 표현하며 시작함으로써 대화의 분위기를 이끌어 갈 수 있습니다. 당신 스스로 긍정의 에너지를 얻게 되고 고객에게도 긍정의 에너지가 전해져 좋은 열매로 돌아올 것입니다.

김수민 회장의 이야기와 깨달음
고객 유형별 상담 전략을 세워라

고객 성향별 응대 전략

고객마다 성격과 취향이 다르기 때문에 일률적인 방법으로 접근하면 신뢰를 얻기 어렵습니다. 미국 컬럼비아 대학의 윌리엄 마스턴 교수는 사람의 행동 유형을 네 가지로 나누었습니다.

[1] 주도형

성향 - 목표에 대한 집착력과 책임감이 강합니다. 변화 자체를 즐기며 과정보다는 결과 지향적입니다.

응대 전략 - 구구절절 말하기보다는 결과부터 이야기합니다. 상담은 신속하게 진행하며, 설명이 지나쳐 고객이 가르침을 받는다는 느낌이 들지 않도록 합니다. 실수를 하거나 약속을 지키지 못했을 때는 변명하지 말고 정중하게 사과합니다.

[2] 사교형

성향 - 사교적인 성향의 사람으로, 사람들로부터 인기도 많습니다. 외향적이고 긍정적이며 낙천적인 스타일로 스킨십도 좋아합니다. 대신 복잡하거나 생각하는 것을 귀찮아합니다.

응대 전략 - 밝고 친근한 목소리로 응대합니다! 본격적인 상담에 들어가기 전에 고객과 충분한 교감을 나누는 것이 좋습니다. 대화 도중에 고개를 끄덕이거나 맞장구를 쳐 주고 메모하는 등 고객의 이야기에 경청하고 있다고 느끼게 해줍니다.

[3] 안정형

성향 - 내향적이며, 말뿐 아니라 행동도 빠르지 않습니다. 내

면은 온유하며 타인에게 배려를 잘하지만, 분노를 잘 표출하지 못해 혼자 스트레스를 많이 쌓아 두는 편입니다. 업무 스타일도 단순 반복하거나 상사가 시키는 일에 최선을 다하는 유형입니다.

응대 전략 - 내향적인 성향을 지닌 만큼 전반적인 상담 분위기를 믿음직하고 따뜻하게 이끌어 가야 합니다. 첫 만남에서 너무 가깝게 다가가면 부담스러워할 수 있으므로 어느 정도 물리적 거리를 두고 상담에 임합니다.

제품에 대해 충분한 설명을 들었음에도 선뜻 결정을 하지 않습니다. 그러므로 좀 더 쉽게 결정할 수 있도록 도와줘야 합니다. 특히 구입 결정 후 자신의 결정에 대해 불안해하므로 현명하고 탁월한 결정이었다고 말을 해주면 좋습니다.
"진짜 잘하셨어요." "후회하시지 않으실 거예요"와 같은 말로 확신을 주는 말을 하는 것입니다. 만약 설득이 잘 안된다면 제삼자를 끌어들일 필요도 있습니다.

[4] 신중형

성향- 무엇을 결정하거나 구입할 때 이것저것 재고 따지며 분석하는 것 자체를 즐깁니다. 정확하고 분석적이며 논리적이고 계산적이어서 주변 사람들로부터 차갑거나 비판적이라는 오해를 받기 십상입니다. 그러나 남에게 피해를 주지도 않고, 예의가 바르고 원칙도 잘 지킵니다.

응대 전략- 제품 구입 전에 충분한 사전 조사를 합니다. 제품을 단순히 '좋다' 또는 '싸다' 등으로 뭉뚱그려서 설명해서는 안 됩니다. 명확한 근거와 자료 등을 활용해 논리적으로 설득하는 것이 좋습니다. 제품을 구매할 때도 충분한 검토 끝에 결정하므로 바로 결정을 안 하더라도 기다려야 합니다.

<u>스스로</u> "Yes."라고 판단하면 다시 당신을 찾을 것입니다. 또한 이들은 가슴으로 느끼기보다는 머리로 판단하기 때문에 과잉 친절이나 과도한 칭찬은 조심해야 합니다. 고객의 질문에는 짧고 간결하게 답하고, 잘 모르는 문제는 솔직하게 모른다고 이야기해야 합니다.

이들은 매우 정확한 성격이므로 지키지 못할 약속은 남발해서는 안 됩니다. 성실한 태도로 약속을 잘만 지킨다면 그만큼 평생 고객이 될 가능성이 높은 유형입니다.

김수민 회장의 이야기와 깨달음
고객은 관리대로 만들어 진다

고객 관리의 고수가 되어야 합니다!

세상에서 가장 어려운 일은 사람의 마음을 얻는 것이라고 합니다. 고객의 마음은 상황이나 세일즈맨의 노력에 따라 변할 수 있습니다. 그렇다면 고객의 특성에 따라 고객을 어떻게 분류할 수 있을까요?

1. 가능 고객: 아직 만나지 않았고, 고객 리스트에 올린 고객

2. 가망 고객: 만남을 1회 이상 가졌으며 판매가 이루어지기 전 고객

3. 신규 고객: 제품을 인정하고 구입한 고객

4. 단골 고객: 제품을 두 번 이상 구입한 고객

5. 협조 고객: 본인도 제품을 구입하며 주변 사람도 소개해 주는 고객

6. 충성 고객: 당신이 판매하는 제품이라면 이유를 불문하고 당신에게 구입하고 제품을 신뢰하며 적극적으로 다른 고객을 소개하는 고객

고객의 최종 단계인 충성 고객이 많으면 신규 고객 발굴이나 실적에 큰 도움이 됩니다. 그러나 이런 고객은 하루아침에 생기지 않습니다. 그만큼 정성스러운 고객 관리가 필요합니다.

고객과 굳은 신뢰 관계의 반열에 들어서면 고객은 뭐든 믿고 맡기게 되며 굳이 시시비비를 따지지도 않을 것입니다. 그렇게 되면 고객과의 관계를 유지하기 위해 큰 비용이 들지 않습니다.

그런 관계가 되기 위해서는 당신이 먼저 고객의 열렬한 지지자가 되어야 합니다.

고객과의 관계에서도 마찬가지입니다. 뭔가를 바라고 도움을 줘서는 안 됩니다. 순수한 마음으로 다가가야 합니다. 일단 당신

에게 제품을 사 준 것만으로도 얼마나 감사한 일입니까!

　잘 관리한 고객은 유산으로서도 가치가 있습니다. 당신을 진정 신뢰했던 고객이라면 당신의 자식들도 조건 없이 도와줄 것입니다. 고객 관리의 최종 목표는 당신과 고객이 윈-윈 관계가 되는 것입니다. 큰 그림을 그리고 조건 없이 진심으로 고객을 돕는다면 그는 진정한 평생 고객이 됩니다.

김수민 회장의 이야기와 깨달음
첫 직장 유학원

당신은 첫 직장을 기억합니까?

나의 첫 직장은 유학원입니다. 한국학교와 외국의 학교와 자매결연을 하여 단체로 단기캠프를 보내는 곳입니다.

한국 학생들은 뉴질랜드 미국 중국 중 나라를 선택하여 본인이 가고 싶은 곳에 가서 그 나라 현지 학생의 집에서 홈스테이를 합니다. 가정에서는 그 학생의 학부모의 케어를 받고 학교에서도 그 학생과 짝이 되어 늘 함께합니다.

주말에는 그 가정의 가족들과 시내도 나가고 현지 유학원 선생님들과는 다양한 액티비티를 체험하는 좋은 기회였습니다.

90년도 후반인 그때는 "중국? 후진국을 왜 가지. 가려면 서양인들이 있는 곳을 가야지" 하던 때였습니다.

중국으로 가려는 학생은 별로 없었지만 해외 유학파, 해외 무역 일을 하는 사업가인 학부모들은 곧 중국과 활발한 무역 교류를 할 것이라 예측을 하여 중국으로 보내기도 했습니다.

난 인솔교사로 중국의 항저우 쪽 국제 학교에도 가곤 했습니다. 너무나 럭셔리하고 그렇게 큰 국제 학교는 처음이었고 프로그램 자체도 놀라웠습니다.

3주 동안 비싸지 않는 금액으로 중국어 영어 태극권 바이올린 승마 등을 배울 수 있는 좋은 기회였습니다. 난 기회가 된다면 외국에 많이 다니며 그 나라와 그 사람들의 다양한 문화를 경험해 보는 것은 참 좋은 일이라 생각이 듭니다.

내 주위에는 유학파 친구들이 많습니다. 학교에서 오래 근무하시던 고지식한 아버지와 더 고지식한 아빠 같은 큰 오빠의 반대로 나의 다른 친구들과는 다르게 중, 고등학교 시절에 유학을 가지 못했습니다.

하지만 '스무 살이 되면 마음대로 다녀라' 했던 약속으로 그때부터 미국 뉴질랜드 호주 홍콩 인도네시아 필리핀 싱가포르 태국 일본 등 해외를 정말 많이 다녔습니다.

유학원에 입사한 이유도 여러 나라를 경험하고자 해서였습니다. 일하면서 여행하는 건 행운이었습니다. 워킹홀리데이로 호주에 가서 밥 먹을 때 빼고는 계속 어마어마한 양의 포도를 밟는 일을 했다가 도망 나왔다던 친구가 문뜩 기억이 납니다. 나의 일은 그 친구들에 비하면 그다지 힘든 일이 아니었습니다.

대치동에서 입시학원을 공동으로 운영하시던 유학원 대표님은 투잡으로 유학원 사업을 하셨습니다. 내가 하는 일은 학교를 찾아가 교장선생님에게 사업 계획서를 가져다 드리고 학부모 설명회 때 캠프에 대하여 설명을 하는 일이었습니다.

회사에서는 파워포인트로 문구를 제작하여 브로슈어를 만들고 현지 유학원에서 문의 전화가 오면 간단히 상담, 캠프 시즌이 되면 외국에 인솔교사로 가서 3주 함께 다녀오는 일이었습니다.

다소 힘든 일이 있었다면, 아이들을 외국에 보낸 어머님들의 마음을 헤아려 주는 것이었습니다. 아이를 낳아본 적이 없던 20대인 나였기에 그냥 극성맞은 아주머니들이라 생각되었습니다.

그 어머니들은 "우리 아이가 말을 타다 넘어졌다던데, 수영장에서 미끄러졌다던데 밥이 맛이 없다던데 등등 그때만 해도 지금처럼 보이스톡이 있거나 인터넷 전화도 없어, 전화카드를 사서 아주 짧게 용건만 간단히 말하는 정도였습니다.

그때는 엄마들의 마음을 이해 못 하는 나였지만 6명의 조카들을 둔 난 내 조카들이 갔다고 과정하고 최선을 다했습니다.

대형 입시학원을 운영하시던 유학원 대표님은 본인이 언변이 엄청 좋아 이 사업에 자신 있다며 사업을 시작하셨습니다. 뉴질랜드 영주권자였던 대표님은 영주권 취득 시 인터뷰할 때 "너희 나라에 돈을 벌게 해주겠다. 그러니 영주권을 달라"라고 말하였다고 합니다.

뉴질랜드는 양털, 꿀 말고는 나라에서 수출할게 특별히 없는 나라입니다. 자연이 좋아 적은 돈을 주고 투자이민을 많이 받아주는 나라 중 한 곳이었습니다.

자신 있어 하는 대표님과 달리 단기캠프를 보내려는 학부모의 수는 정말 적었습니다. 어렵게 교장선생님의 마음을 얻어 사업을 추진하기로는 했지만, 학부모와 학생들의 호응은 그다지 없었습니다.

교장선생님은 학부모들에게 이런 캠프가 있다고 아침 조회 시 학생들에게 한마디만 하는 정도이지 교장선생님이 직접 학부모들에게 적극적으로 권유하기도 어렵습니다.

난 사업이 진전이 없어서 답답했습니다. 그냥 사무실에서 넋 놓고 있을 수도 있지만 따분하고 지루했습니다. 난 일을 적극적으로 합니다.

그래야 내가 한 만큼 대표에게 요구할 수 있습니다. 일반적인 기본 월급으로 몇 년을 받고 싶지도 않았고 일이 없는 회사는 싫었습니다. 그리고 단기캠프 프로그램은 정말 좋았습니다. 항공권 가격이 120만 원 하던 그때 영어도 배우고 그 나라의 문화도 배우고 각종 체험을 하는데 320만 원이었습니다.

유학원 대표님은 돈을 벌려는 욕심보다는 좋은 것을 아이들에게 제공을 하고 싶어 하시는 그야말로 아이들을 좋아하는 선생님이셨습니다. 난 학교 특별 부장님에게 학부모 설명회를 열게 해달라고 부탁을 드렸습니다.

난 내 이야기를 하기보다 먼저 학부모들에게 질문을 하였습니다. "여기에 계신 학부모님들 중 뉴질랜드에 다녀오신 분 계시나요? 혹시 그 나라가 어떻든가요?"라고 물었습니다.

몇 분이 손을 들어 말씀하셨습니다. "저요~ 저요, 그 나라 정말 좋아요. 사람들도 선하고 영국 발음으로 영어 하는데 정말 고급스러워요."

"전 미국식 영어 발음보다 영국식 영어 발음을 좋아해요." "전 양털 이불을 사서 왔는데 너무 가볍고 따뜻해서 저희 아이 보내서 몇 개 더 사 오고 싶어요."

"곧 반지의 제왕 영화도 찍는다고 들었는데, 저희 아이가 그런 나라에 다녀와 봤으면 좋겠어요."라고 뉴질랜드를 직접 다녀오신 분들이 말씀하셨습니다.

난 특별히 설명한 게 없습니다. 질문만 했었고, 그들이 좋다고 얘기하였습니다. 다녀오지 않은 학부모들은 다녀왔던 학부모들의 얘기에 보내고 싶은 호기심이 생겼습니다.

그리고 난 내가 다녀왔을 때의 느낌과 좋은 프로그램에 대해 설명하였고, 특히 내가 직접 인솔해 따라다니며 안전하게 다녀올 거라고 확신을 드렸습니다. 고객에게 난 마구 팔려고 하지 않습니다. 그냥 그들이 사고 싶게 살짝 예쁘게 포장할 뿐입니다.

뉴질랜드는 자연 경관이 아름답습니다. 집 앞 잔디밭에서 5살 여자아이가 맨발로 혼자 놀고 있었습니다. '아이가 말썽을 부려 엄마에게 맨발로 쫓겨난 것이 아닌가?' 했었습니다.

뉴질랜드는 치안이 좋고 자연 그대로를 받아들여 맨발로 흙에서 되도록 많이 놀게 합니다. 신고 같던 구두의 더러웠던 밑창이 오히려 깨끗해져서 왔던 기억이 있습니다.

10명이 가던 다른 때와 다르게 내가 입사해서 설명회를 열었던, 그 해에 한 학교에서 100명이 갔습니다. 유학원 대표님은 기적 같은 일이라고 내게 말씀하셨습니다. 우린 다 좋았습니다. 대표님도 그 해 돈을 많이 버셨고 난 인센티브를 천만 원 단위를 받았습니다.

교장선생님도 학부모님들에게 좋은 프로그램을 소개해주셔서 감사하다고 연신 감사 인사를 받아 좋았습니다. 특별 부장님은 우리에게 학생 한 명당 약속한 얼마의 리베이트 받아 좋으셨고 우리와 협력하던 여행사도 돈을 벌어 좋았습니다.

항공사에서 단체 인원 10명당 한 장의 표 값이 공짜라는 걸 난 그때 처음 알았습니다. 상담의 스킬은 심플합니다. 어떻게 질문을 하느냐에 따라 다르고 실제로 다녀온 사람의 후기가 제일 큰 효과였습니다.

사람들은 물건을 팔기 위해 엄청 많은 얘기를 합니다. 말을 많이 듣는 사람은 오히려 부담스러워합니다.

뉴질랜드 단기캠프를 드디어 갔습니다. 중1-중3 100명이란 학생들이 함께 갔습니다. 뉴질랜드 친구와 한국 친구가 짝이 되어 뉴질랜드 친구네 집에서 홈스테이를 했습니다.

처음에는 엄청 서먹서먹하고 동양인 친구를 낯설어합니다. 동양인 친구도 그 집의 침대, 부모, 친구가 낯설기는 마찬가지입니다. 난 15명을 담당하였습니다.

여느 직원들은 한국 학생에게 무슨 일이 있으면 전화를 하라고 통상적인 얘기만 하고 본인의 숙소로 돌아갑니다. 난 내가 담당하던 학생들이 머무를 집과 부모와 그 나라 학생이 궁금했습니다.

도착한 당일 15명의 집을 다 돌아가며 불편한 점이 없는지 파악했습니다. 이불이 너무나 두껍다고 하는 학생, 수건을 가져오지 않았다는 학생, 외국 집의 형광등이 너무 어두워 책을 보면 눈이 아프다는 학생 등등 다들 불편 한 점 한 가지씩을 내게 얘기했습니다.

나도 다른 직원들처럼 숙소에서 쉬면서 '무슨 일 있을 때 연락을 하라고 했으면 어땠을까?' 아이들의 고충을 당연히 몰랐을 것이고 전화를 받으면 귀찮게 느껴졌을 겁니다.

내가 가정 방문을 해보니 직접 눈으로 볼 수 있어서 그 학생들의 고충을 잘 알 수 있었습니다. 사춘기의 아이들은 본인의 이야기를 낯선 사람들에게 얘기를 잘하지 못합니다. 난 그 또래의 조카들이 있어서 잘 알고 있었습니다.

난 내 휴대폰으로 15명의 어머님들에게 전화하여 잘 도착했다고 말씀드리고 아이들의 목소리까지 들려 드렸습니다. 인센티브를 많이 받았기에 내 개인 휴대폰 전화비 정도는 걱정 안 했습니다. 아깝다고 생각하지 않고 내 사비를 들여 안심을 시켜 드렸습니다.

그렇게 3주를 보내는 동안, 난 학부모들에게 단 한 번의 컴플레인도 듣지 않았습니다. 학부모님들의 직업은 의사 변호사 대기업 직원들이 많았습니다. 어디 가서 본인들의 할 말을 다 하는 분들입니다.

다른 직원들은 그 학부모들에게 늘 핀잔을 들었지만, 난 오히려 그분들에게 당당했습니다. 내 할 일을 당당히 하고 있기 때문에 난 늘 떳떳했습니다. 내 조카들이라고 생각하면 그 아이들에게 각별히 대하지 않을 수가 없습니다.

내 조카들처럼 예쁘게 느껴졌습니다. 승마체험을 하다가 넘어져 무릎이라도 다치면 난 주머니에 넣어놓고 있는 연고를 꺼내 발라 주었고 종이에 살짝 손이 베이기라도 하면 밴드를 주머니에서 꺼내 붙어주었습니다.

외국의 학부모님들도 동양인들을 다르게 보기 시작하였습니다. "지난번 캠프 때 온 한국 학생들이 표현을 잘 하지 않아 속이 답답했고 이번에 원래 하고 싶지 않았는데 학교 측의 부탁으로 이번만 하고 안 하려 했지만 이번에는 나를 보고 이 학생들을 보고 앞으로 계속하려고 합니다."라고 얘기합니다.

외국 친구가 한국 친구들이 너무 재미있고, 한국 친구들 집에 놀러 가고 싶다고 했고 초대도 받았다며 한국에 가면 그냥 여행만 다녀오는 게 아니고 한국 친구 집에서 직접 체험할 수 있으니 외국 친구도 좋은 기회였습니다.

숙소에 있던 직원들은 매일 학부모의 걱정된 전화를 받았고 그 직원들은 담당 학생들에게도 그 학부모에게도 늘 짜증 섞인 말투로 얘기하곤 했습니다. 캠프를 다녀온 후 그 직원들은 해고 당하였고 난 승진을 하였습니다.

그리고 나의 담당 학부모들은 다음 단기캠프 때 나에게 직접 전화를 걸어 언니, 동생들도 보냈습니다. 도착해서 첫날의 나의 행동이 그들에게 감동을 주었던 것입니다.

교장선생님께서 근처 다른 학교 교장선생님을 만나러 가보라고 내게 연락을 주셨습니다. 같은 지역 다른 학교 교장선생님들도 단기캠프 과정을 만들고 싶다고 하셨습니다.

처음 만나 뵌 교장선생님은 "김수민씨 덕에 학부모님들이 만족도가 높았다며 언니 동생들도 소개하며 외국을 보낸다고 들었습니다. 우리 학교에도 설명회를 열고 캠프를 갈 때 김수민씨가 꼭 인솔해서 가 주셨으면 합니다."라고 말씀하셨습니다.

난 유학원에서 어마어마한 연봉을 받았습니다. 유학원 대표님은 내가 없으면 안 된다며 나의 건강을 늘 염려해주셨고 내가 직원이 아니고 대표인 듯 나를 지극정성으로 모셔주었던 것 같습니다. 그 몇 년 후에 난 내 첫 내 집 장만을 하였습니다.

김수민 회장의 이야기와 깨달음
미국에서의 느낌

　20대에 내가 특히 많이 간 곳은 미국의 플로리다 워싱턴 DC 시카고입니다. 일단 공항에 내려서의 첫 느낌은 김포공항 (90년대에는 인천공항이 생기기 전)과 다르게 어마어마하게 컸습니다.

　그 당시 미국은 뭐든지 한국보다 컸습니다. 미국 처음 갔던 플로리다 주의 올랜도 공항은 여느 주의 공항보다도 특히나 더 컸습니다. 집, 자동차, 백화점들 특히나 음식 접시, 햄버거도 컸고 사람들 몸집도 정말 컸습니다.

　마이애미비치는 환상적이었습니다. 그 당시 미국의 사람들은 신혼여행을 하와이나 플로리다를 더 선호한다고 합니다. 우리나라에서도 제주도를 가듯이 말입니다.

해외를 다니면서 제일 많이 느꼈던 것은 미국의 사람들이 여유로움이 많아 보였습니다. 길 가다 눈이 마주치면 모르는 사람인데 눈웃음을 짓고 몸이 닿으려 하면 멈춰서 먼저 가라 손짓하고, 길을 물어보면 설명을 아주 자세하게 해주었습니다.

난 처음 보고 모르는 사람인데 나를 배려해주는 것에 이상할 정도로 너무나 놀라웠습니다. 우린 그 당시 "저기~로 가면 돼요, 이리로 가면 돼요. 거기가 거기에요. 모르겠는데요."라고 말하는 것이 보편적이었습니다.

나에게 누군가가 길을 물어보면 아주 자세하게 설명을 해드립니다. 가까운 곳은 모셔다드리는 적도 있습니다. 미국에서의 사람들을 봤던 이유에서인지, 내 천성인지 모르겠지만, 지금에 나는 헤매고 있는 사람한테 가서 물어봅니다.

"어디를 찾고 계시나요?" 함께 가던 내 아이는 내게 묻곤 합니다. "엄마에게 물어보지도 않았는데 왜 말을 해. 그래도 되는 거야?"라고 말입니다.

김수민 회장의 이야기와 깨달음
미국에서 만난 친구

　미국 플로리다 주에서 태어난 교포 2세 친구는 부모님의 권유로 연세대 교환학생으로 와서 한국어를 처음 배웠다고 했습니다. 미국에서 태어난 아이들은 한국말을 쓰지 않고 영어를 씁니다.

　부모가 영어를 못하면 자식과 소통을 못하는 경우가 흔히 있다고 하여 20살 무렵에는 한국으로 보내어 한국말을 배우길 바란다고 합니다.

　그 친구가 교환학생으로 1년 있는 동안 한국 친구들에게 느꼈던 건 힘들게 고등학교 때 공부하여 원하던 대학을 들어와 한창 즐겁게 대학생활을 즐겨야 할 때인데, 대학에 들어와서도 고등학교 시절 때처럼 많은 걱정을 한다고 합니다.

특히 서울대 생들은 대학에 들어오면 딜레마에 빠진다고 합니다. 서울대를 들어오기 전까지 난 최고로 살았는데 대학에 와보니 나보다 잘하는 친구들이 너무나 많아 이런 느낌은 처음이라 괴롭다고 합니다.

내게는 유학 다녀온 친구가 많았고 서울대 나온 지인도 주위에 많습니다. 내 조카도 서울대 영문학부에 들어갔습니다. 영어를 잘 하여 수시로 들어갔는데 외국에서 살 다 온 친구들이 학점을 잘 받아서 괴롭다고 합니다.

난 조카에게 "대학에 들어왔으니 편히 놀아. 학점은 꼭 A를 맞지 않아도 돼." "이모, 무슨 소리야. 학점은 무조건 A를 맞아야지." 그런 성격으로 인해 서울대에 들어간 것 같습니다.

무조건 100점을 맞아야 하고 A를 맞아야 한다는 생각이 있습니다. 회사생활을 하면서도 서울대 졸업생들은 정말 다릅니다.

서울대 졸업을 하신 분들 중 50대란 나이에도 일을 놓지 못하는 분들을 많이 볼 수 있었습니다. 어릴 때부터 늘 그렇게 살아 온 것입니다. 과연 그게 행복일까 싶습니다.

그 교포 2세 친구는 물냉면을 먹고 스타벅스에서 투 샷쯤 되는 아메리카노를 마신 뒤 하던 얘기 또한 놀라웠습니다. (아마도 그 당시 우리는 믹스커피에 익숙해져 있을 때였습니다.)

"아~ 행복해. 내가 제일 좋아하는 물냉면을 배부르게 먹고 좋아하는 커피를 마시고 너무 행복해~"라고 얘기하던 그 친구를 이해할 수 없었습니다.

배부르면 짜증이 나고, 몸이 무거워 기분이 좋지 않았고 쓴 커피는 너무나 맛이 없는데 어떻게 행복하다고 말할 수 있는지 정말이지 이해가 안 되고 행복이 뭔지 모르는 21살의 김수민이었습니다.

그 친구가 "비싼 한국 음식은 너희가 샀으니 커피는 내가 살게"하고 지갑을 열었습니다. 미국에서는 스테이크, 스파게티 보다 한국 음식이 비싼 건 누구나 다 알고 있을 것입니다.

한국에서 제일 싼 소주가 그때 한국 식당에서 만 원이었습니다. 술을 먹지 않는 난 한국에서 소주 가격은 얼마에 파는지 몰랐지만 소주 값이 비싸다는 선배들 얘기로 비싸다는 걸 알게 되었습니다. 그때 유학생들에게 최고의 선물은 팩 소주였습니다.

그 친구의 지갑에는 5불짜리 딱 한 장만 있었습니다. 의대를 다니던 그 친구의 아버지는 미국항공 우주국인 나사에서 일하셨고 어머님은 이대 나오신 분이었습니다.

미국 한인사회에서도 꽤나 유명한 집안의 아이였습니다. "지갑엔 5천 원도 없는데 뭐가 부자라는 거야"라고 생각했습니다.

지금은 우리나라도 현금보다 신용카드를 많이 씁니다. 하지만 그 당시 미국은 현금보다 크레디트 카드를 썼던 때입니다.

김수민 회장의 이야기와 깨달음
눈으로 보이는 것으로 판단하던 20대

눈으로 보이는 것에 의해 사람을 판단했습니다. 아니 나만이 아닌 주변 친구들도 참 사람들의 시선을 많이 했던 것 같습니다.

지갑에 만 원 짜리는 여러 장 있어야 하고 옷은 백화점 옷을 입어야 하고 구두도 이름이 있는 것만 고집하고 친구들을 만나러 압구정에 갈 때면 머리도 세팅기로 말고 화장은 기본으로 하던 때였습니다.

중학교 동창은 그해에 SBS 공채 탤런트가 되었는데 슈퍼 갈 때도 화장을 하고 나간다고 내게 말했습니다. 공부를 정말 잘 하던 그 친구는 대학을 포기하고 공채 탤런트가 되었습니다.

지금 우리 집 건너편에 사는 그 친구는 대학을 가지 않은 것에 대해 아직도 약간의 목마름이 있습니다. 대학생활을 하며 많은 경험과 공부를 하고 견문을 넓히는 건 내 삶에 큰 자산이 되었습니다.

김수민 회장의 이야기와 깨달음
비행기에서의 특별한 인연- 뉴질랜드에 가다

'비행기에서 만난 인연은 참 특별하고 소중하다고 흔히 얘기합니다. 나 혼자의 첫 해외여행은 뉴질랜드였습니다. 뉴질랜드에 유학인 아닌 이민 간 친구를 만나러 가는 길이었습니다.

뉴질랜드는 한국 사람들 인도 사람들이 많이 이민 가던 곳이었습니다. 처음 혼자 가는 해외여행으로 공항에 내리면 짐은 어디서 찾을까, 나에게 영어로 물어보면 뭐라고 얘기해야 하나 등의 괜한 걱정으로 초조하고 긴장되었습니다.

뉴질랜드에 가기 몇 달 전, 친구 지숙이와 부산에 비행기를 타고 간 적이 있습니다. 친구와의 첫 비행입니다. 배낭 가방을 메고 짐을 검색하던 곳에서 가방을 내려놓고 비행기에 올랐습니다. 비행기가 이륙하기 전 방송이 계속 나왔습니다. 우린 서로 재미난 대화를 하고 있었습니다.

갑자기 지숙이가 나에게 "너와 똑같은 이름의 누가 있나 봐." "그런가 보네." 하며 우린 서로 대화하며 막 웃고 있었습니다. 승무원이 우리 자리로 와서 물었습니다.

김수민님과 백지숙님 맞나요? 가방을 놓고 가셨어요." 우린 얼굴이 너무 화끈거렸습니다. 비행기만 타면 무조건 가방을 맡겨야 되는 줄 알고 있었던 우리였습니다.

해외에 가는 비행기도 아니고, 김포에서 부산을 가는 비행기입니다. 큰 트렁크도 아닌 조그마한 배낭 가방입니다. 웃지 못할 에피소드가 되었습니다.

아이들을 강하게 키우기 위해선 가능한 혼자 외국에 보내 보는 것도 좋습니다. 그 경험이 큰 자신감이 됩니다. 어떠한 일에서도 두려울 게 없습니다.

혼자만의 첫 해외여행인 뉴질랜드를 다녀온 이후 미국에 처음 갈 때 미국 비행기 3번을 갈아타고 플로리다 주에 갔습니다. 가방을 찾아야 하는 곳에서 찾지 않았고 찾지 않아도 되는 곳에서 가방을 찾기 위해 마냥 기다린 적도 있습니다.

인도 남학생이 자꾸 말을 거는데 유쾌하지 않았습니다. 그 학생도 해외에 처음 와서 나에게 의지하였습니다.

  가방을 찾는 곳에 있던 공중전화는 우리나라처럼 동전을 넣고 전화를 거는 것도 아닙니다. 동전도 없었고 카드도 없었고 그 당시 휴대폰은 더더욱 없었습니다.

  다음 비행기를 타야 하는데 어디다 물어볼 곳도 없었습니다. 델타항공 승무원은 나를 직접 찾아와서 다음 비행기로 손을 잡고 빨리 뛰라고 했습니다.

  한국 비행기와 다르게 미국 비행기는 고장이 잘 나기도 하고 수리한다고 하루가 연착되기도 합니다. 우리나라 비행기가 정말 좋습니다. 그 이후에 전 외국 비행기는 지금까지 타지 않습니다.

  얼마 전 얼굴이 화끈거리던 부산 일이 있었던 나는 뉴질랜드에 잘 갈 수 있을까? 하고 많이 걱정되었습니다. 내 옆자리에는 나보다 두세 살 정도 많아 보이던 언니가 앉아 있었습니다.

  그 언니는 영어로 된 책을 읽고 있었습니다. 한눈에 봐도 영어를 잘 하는 사람으로 딱 보였습니다. 저 언니만 따라간다면 두려울 게 없을 것 같았습니다. 비행기에서 내리기 전에 꼭 말을 걸어야 했습니다.

  어떻게 말을 걸지? 뭐라고 이야기를 할까? 혹시 한국말을 못 하는 한국 사람이 있다던데 혹시 그런 사람은 아닐까, 내가 말을 건다면 혹시 영어로 대답하는 건 아닐까 하고 한참을 고민하고 있었던 때, 남자 승무원이 와서 내게 말을 했습니다.

"저쪽에 고객님과 어울릴만한 고객님이 계시는데 대화하면서 가실래요?"

저쪽은 이코노미가 아닌 비즈니스석이나 1등석 쪽을 향했습니다. "전 괜찮은데요."라고 말했습니다. 남승무원은 바로 "네, 알겠습니다. 실례했습니다." 하고 갔습니다.

뉴질랜드에 갈 때도 뉴욕을 갈 때도 남승무원은 내게 물어봤었습니다. 승무원 친구에게 물어본 적이 있습니다. 남자 승무원들이 고객에게 그렇게 묻기도 하냐고? 절대 그런 일이 없다고 했습니다.

아마도 '남승무원의 지인이 아니었을까?'라는 생각이 듭니다. 지금까지도 생각해 보면 특별한 기억입니다. 기분 좋은 일인지, 나쁜 일인지 아직도 아이러니합니다.

그렇게 물어본 남승무원 덕분에 옆자리에 앉아 있던 언니가 내게 먼저 말을 걸었습니다. 쉽게 말을 걸지 못하고 고민하던 내게는 기적과 같은 일이었습니다. "원래 승무원들이 저런 이야기 하지 않는데, 멋진 일이네요."라고.

그 대화를 시작으로 우린 비행기 친구가 되었습니다. 그리고 뉴질랜드 오클랜드 공항에 내려 출입국 관리소에서 까다롭게 물어본 공항 직원에게 그 언니가 유창하게 아주 멋지게 대답을 해주었습니다. 난 처음 나 혼자 간 외국 공항에서 수월하게 나의 친구를 만날 수 있었습니다.

그 언니는 아직도 연락을 하고 지내는 사이입니다. 비행기에서는 한 가지씩의 좋은 경험과 추억, 특별한 인연이 분명 있습니다.

처음 혼자 해외여행을 갔던 뉴질랜드는 정말 환상적이고, 오클랜드에서 45분쯤 떨어진 파라 카이에서 체험했던 스카이다이빙은 정말 잊을 수 없습니다.

10000피트 상공에서 tandem으로 특별한 다이버와 한 몸이 되어 뛰어내려 바람을 느끼며 작은 양들을 보며 땅으로 착륙하던 그 느낌은 정말 너무나 짜릿합니다. 다른 한 명의 다이버는 머리에 카메라를 끼고 사진촬영을 해줍니다.

20대에 젊은 혈기니까 했지만 미국의 플로리다에선 하지 못했습니다. 스카이다이빙장을 운영하던 부부의 4살 남자아이가 비행기에서 뛰어내리는 모습을 보고 난 도전할 수 있었습니다.

4살 아이도 하는데 나도 할 수 있을 것 같았습니다. "비행기 타고 여행 가다 사고 나서 뛰어내려야 한다."라고 주문을 외우며 했던 스카이다이빙은 최고였습니다. 오클랜드 근교의 파라 카이는 온천도 꽤 유명합니다.

번지점프가 유명한 뉴질랜드에서 촬영한 영화 '번지 점프를 하다'가 있었습니다. 이병헌과 이은주란 영화배우가 나와 흥행했던 영화입니다. 내가 좋아하는 영화배우는 이병헌입니다.

좋아하는 배우 이병헌이 뛴 곳이라 해도 무서워서 난 도전하지 못했습니다. 뉴질랜드에 두 번째 갔을 때 역시 번지점프는 도전하지 못했습니다. 사람들은 내게 비행기에서는 뛰었는데 왜 번지점프는 못하냐고 물었습니다.

비행기는 조종사가 운전하여 하늘로 올라가 어느 순간에 비행기 문이 열리면 차례차례 뛰어내립니다. 하지만 내가 직접 높은 계단으로 걸어 올라가서 뛰는 것인데 올라가는 계단이 무서웠습니다. 지금은 엘리베이터를 타고 올라가니 덜 무서울 것 같습니다. 다음에 뉴질랜드에 갈 기회가 있다면 꼭 도전해 보려 합니다.

김수민 회장의 이야기와 깨달음
비행기에서의 특별한 인연 – 홍콩에 가다

한 번은 내가 20대 후반에 타이항공으로 홍콩을 가는데 타이항공 남자 승무원이 내게 고백을 한 적도 있습니다. 그 비행기는 홍콩을 경유해 태국으로 가는 비행기였습니다.

내 자리를 찾으러 가는데 "사 와 디 컵, 사 와 디 카"라고 맞이하는 남자 승무원은 나를 보자마자 갑자기 "싸~와~디~카"라고 엄청 반겨 주었습니다. 갑자기 큰 목소리에 놀란 채 내가 배정받은 좌석에 앉았습니다.

잠시 후 그 남승무원은 아까보다 헤어 젤을 듬뿍 바르고 머리를 더 단정히 가다듬고 바지 주머니에 양손을 넣고 마침 비어있던 내 자리 옆 좌석에 앉아 비행기에서 나눠주는 꿀 땅콩을 엄청 많이 꺼내어 내게 주었습니다. 한 스무 봉지쯤 되었습니다.

난 속으로 "먹지도 않는 땅콩을 왜 저렇게 많이 가져다줘~"생각이 들었습니다. 그는 홍콩으로 가는 내게 "태국으로 간다면 태국에서의 멋진 가이드를 해줄 수 있는데 너무나 아쉽다"라고 하였습니다.

영어를 잘 못하기에 다 알아듣지 못했지만 고객에게 전화번호를 줄 수 없는 항공사 규칙으로 본인의 전화번호를 못 준다고 돌려서 말했던 것 같습니다.

제 전화번호를 알고 싶다고 하여 난 그냥 좋게 생각해 주어 감사하다는 한마디만 하고 비행기에서 내렸습니다. 비행기에서의 추억 중 한 가지입니다.

영어를 배워야 하는 이유도 분명합니다. 그리고 사람은 돌려서 말하면 잘 모른다는 것을 말하고 싶습니다. 우정을 나누고 싶은 친구에게, 사랑을 고백하고 싶은 상대에게, 감사함을 전달하고 싶은 부모님에게, 특히나 제품을 팔고 싶은 고객에게는 당당히 내 의사표현을 해야 하는 것이 분명합니다.

김수민 회장의 이야기와 깨달음
비행기에서의 특별한 인연 - 뉴욕에 가다

911테러가 난 직후에 뉴욕에 처음 갔습니다. 테러가 나기 전 미국에 사는 지인에게 방문하기로 약속을 했습니다. 비행기 티켓을 예매해 뒀었는데 911테러가 났습니다.

한참 뒤에 공항이 열리자마자 난 뉴욕에 갔습니다. 주변에 사람들은 테러 난 곳에 가지 말라고 권유했지만 큰일에 대담한 김수민이 아닌가 하는 마음이 있었습니다.

난 나름 긍정적인 마인드의 소유자이고 사실 크게 걱정하지 않았습니다. 가기로 약속을 했었으니 약속대로 갔습니다. 센트럴파크는 테러가 나고 며칠이 지났는데도 빌딩의 잔해가 그대로 있었고 먼지가 뿌옇게 있었습니다.

큰 빌딩이 무너졌으니 그럴 만합니다. 뉴욕에 가는 비행기의 내 좌석은 비행기 꼬리 쪽에서도 비행기 제일 끝이었습니다.

내 옆 좌석에는 80대쯤으로 보이는 할아버지가 앉아계셨는데, 비행기가 흔들릴 때마다 좌석의 손잡이를 잡으셨고 내 손잡이를 잡고 있던 나의 손도 힘껏 잡으시며 "에구에구 나 죽네, 나 죽어"라고 하시며 우황청심환을 계속 씹어 드셨습니다.

그날따라 바람의 기류 때문인지 엄청 흔들리기는 했지만, 엄청 무서워하시는 할아버지로 인해 나도 마치 나도 죽을 것 같았습니다. 별생각이 다 들었습니다.

비행기가 바다에 추락하는 건 아닌지, 비행기가 반으로 쪼게지면 어쩌나, 비행기 문이 열리면 빨리 뛰어나가야 하는데 난 꼬리 끝 맨 끝자리인데 비행기에서 못 나가는 건 아닌지. 안 좋은 상상을 하며 무사히 뉴욕 존 F 케네디 국제공항에 내렸습니다.

그 할아버지는 여승무원이 밀어주는 휠체어에 앉아 게이트를 빠져나가셨습니다. 주위에 어떤 사람이 있느냐에 따라 사람의 마인드도 바뀝니다. 부정적인 사람들 보다 긍정적인 사람들을 옆에 많이 두어야 합니다.

승무원이나 파일럿이 되는 것은 분명 멋진 일이지만 힘든 일임은 분명합니다. 땅콩 회향으로 우린 정말 잘 알게 되었습니다.

해외여행을 다니고 유학원 일을 하며 여러 나라들을 경험한 뒤에 내린 결론은 말이 잘 통하고 코드가 잘 맞고 음식 맛이 잘 맞는 한국이 좋습니다.

아프면 바로 집 앞에서 비싸지 않은 진료비로 좋은 진료를 언제든지 받을 수 있는 내 나라가 역시 좋다는 것을 느꼈습니다. 해외여행은 여유로울 때 마음껏 다니면 좋고 다른 나라에서 사는 건 힘든 일임을 잘 알 수 있었습니다.

인도네시아 자카르타에 사는 지인은 이가 너무 아파서 그 나라 치과에 갔었는데 아픈 이에 옆에 생니를 뽑힌 경우도 있고, 미국에서의 병원 진료비는 정말 비싸다는 것은 누구나 알 것입니다. 영어를 잘 하지 못한 나의 친구는 신호위반을 해서 경찰에게 티켓을 받았는데, 20불이면 될 벌금을 120불이나 하는 비싼 티켓을 받은 적이 있습니다.

한때 나의 친언니는 미국에서 살고 싶어 하던 내게 "미국에 가면 장밋빛 인생이 펼쳐질 것 같으냐"고 독침을 놓은 적이 있습니다. 그땐 언니의 말이 듣기 좋지 않았지만 나를 생각해 주는 우리 언니는 언제나 최고입니다.

심리학 전공을 하고 언어발달 심리센터장과 구의원을 하고 지금은 구립 어린이집 원장님인 우리 언니는 세상에서 나를 제일 잘 아는 유일한 사람입니다.

김수민 회장의 이야기와 깨달음

직장을 그만두고 병원코디네이터가 되다

병원코디네이터로 여성의원에서 근무합니다.

유학원 일을 하던 중 승무원을 그만두었던 나의 친구가 내게 말했습니다. "나 힘든 승무원일 때려치우고 치과에서 일해. 치과 상담을 친절하게 말해주기만 하면 돼." 지금 흔해진 병원코디네이터란 직업이 처음으로 97년 IMF 때 예치과란 곳에서 처음 승무원 출신을 뽑아 도입을 했었습니다.

2000년 중반까지만 해도 의사들은 "간호원만 있으면 되지. 무슨 코디네이터, 상담실장 그런 게 뭔데?"라고 얘기들 했습니다. 종합병원 의사들이 특히나 그러했습니다. 병원에 의사와 간호원만 있으면 됐지" 의사들이 간호사라고 말하지도 않던 그때입니다.

나도 하고 싶었습니다. 여러 나라들을 10시간, 7시간씩 비행기를 수시로 타고 다니던 유학원 일들이 체력적으로 힘들었기도 하고 온실 속에 화초처럼 키웠다며 자식들을 과잉보호하고 염려하던 학부모님들의 마인드를 20대인 나는 하나도 이해할 수 없었기에 너무나 재미가 없었습니다.

그때 확실히 알게 되었습니다. 난 승무원을 하지 않길 잘했다는 것을. 더 이상의 미련도 후회도 없이 확실히 알게 되어 그 깨달음이 소중했습니다. 유학원 일을 하지 않았다면 아직도 승무원의 미련이 있었을 겁니다.

유학원 일보단 안정된 직장에서 상주하며 깔끔한 유니폼을 입고 일하고 싶었습니다. 그래서 병원코디네이터 자격증을 주는 교육원에 등록을 하러 갔습니다. 난 단순한 직장이 아닌 나이가 들어서까지 할 수 있는 나의 평생 직업을 찾고 싶었습니다.

김수민 회장의 이야기와 깨달음
교육원에서 병원코디네이터 과정에 등록하던 날

강남에 있는 병원코디네이터 자격증을 주는 교육원에 등록을 하러 간 날. 그곳의 원장님은 내게 병원코디네이터 과정을 등록하지 말고 서비스강사과정에 등록을 하라고 권유하였습니다.

병원코디네이터는 승무원 출신 친구에게 들어 무슨 일을 하는지 알았었지만 서비스강사는 정말 생소했습니다.

"서비스강사는 무슨 일을 하는 건가요?" 물어보니 "병원코디네이터를 가르치는 것입니다."라고 말씀하셨습니다. "서비스강사과정을 수료 후 우리 교육원에서 병원코디네이터 과정을 맡아 주셨으면 좋겠습니다."라고 말씀하셔서 난 "병원코디네이터 일을 알아야 가르칠 수 있을 것 같아요."라고 말씀드렸습니다.

주위 사람들은 내게 완벽주의 성향을 가지고 있다고 흔히 이야기합니다. 그리고 그 성향을 버리라고 이야기를 많이 하곤 합니다.

하지만 그런 성격 덕분에 난 차근차근 꼼꼼히, 내게 주어진 일들 정확하고 완벽하게 할 수 있었습니다. 특히 일적인 부분에서는 더더욱 육아에서도 그랬습니다.

육아는 성격이 느긋하고 대충 해야 편하고 잘 할 수 있다고 어른들은 말씀하십니다. 어른들이 보시기엔 우리 아이 4살 전 까진 특히나 내 육아 방식이 너무 철저해 내가 더 힘들게 느껴졌을 거라고 많이 얘기하시곤 했습니다.

나의 예쁜 딸은 지금 7살입니다. 너무나 사랑스럽고 어쩔 때 보면 저보다 더 속이 깊은 것 같습니다. 곧 초등학교에 들어갈 우리 아이의 육아에 있어서 지금은 너무나 편해졌습니다.

7년 동안 육아에 익숙해졌고 지금은 너무나 수월해졌습니다. 외국 출장을 자주 다니던 아이 아빠 직장 일로 출산 2주 후부터 오로지 혼자 아이를 케어 해야 했었고 독박 육아를 했던 전 세상에 태어나 내게 제일 힘들었던 일은 육아였습니다.

육아만 하시던 시어머니는 세상에서 제일 쉬운 일이 아이 보는 일이라고 말씀하셨습니다. 옛 어른들 말씀에 "밭에 일하러 갈래. 애들 볼래! 하면 "밭에 일하러 갈래요."라고 했다던 옛말이 있다고 합니다. 맞는 말인지는 모르겠지만 전 육아에만 전념하는 것보단 일도 병행하는 것이 좋습니다.

육아에 대해서 이야기하면 앉은 자리에서 3박 4일은 거뜬히 할 것입니다. 그렇게 병원코디네이터 과정에 등록을 하고 전 유학원 일을 관뒀습니다.

김수민 회장의 이야기와 깨달음
병원코디네이터로 여성의원에 입사하다

 교육원에서 강사 일을 하려면 병원코디네이터 일을 해봐야 했습니다. 제 성격이 그렇습니다. 그 경험을 해봐야 그걸 가리킬 수 있다고 여깁니다.

 해보지 않고 어떻게 해본 척하며 강사가 되고 싶지 않습니다. 그래서 병원코디네이터로 입사를 하였습니다. 집 앞에 있는 부인과 진료를 하는 병원에 면접을 봤습니다. 면접 보면서 원장님께 내가 먼저 말씀드렸습니다.

 나: "지금은 자격증이 없지만 곧 취득할 예정입니다. 그러니 미리 채용해 주셨으면 합니다."

원장님: 원장님은 웃으시며 "난 자격증 있는 사람을 원하는데, 자격증이 없는데 왜 왔습니까."

나: "빨리 병원 일을 배워보고 싶습니다. 제가 강남의 어느 교육원에서 앞으로 강사 일을 할 거고 협회 심사위원도 할 겁니다."

원장님: "우리 병원 간호사들이 고객들에게 불친절해서 마음에 안 들었는데 김수민씨를 채용하면 다른 직원들이 친절하게 할 수 있도록 교육도 해줄 수 있나요?"

나: "그럼요, 제가 후임 직원이니 바로 교육을 할 순 없고, 제가 직접 고객들에게 어떻게 하는지를 보여드릴게요."

원장님: "그럼 그 모습을 보고 자연스레 따라서 하겠네요. 바로 출근하세요! 그리고 간호사는 면허증이 꼭 있어야만 취업이 되지만 병원코디네이터는 지금 당장 없어도 됩니다. 김수민씨 합격입니다. 김수민씨의 도전하는 모습과 의욕이 너무나 마음에 듭니다."

그곳은 분만은 하지 않고 부인과 진료를 하는 곳이었습니다. 원장님은 30대 때 분만을 하는 병원을 했었는데 24시간을 대기해야 하고, 자다가도 호출이 와서 아이를 받아야 해서 이러다가 오래 살지 못하고 금방 죽을 것만 같았다고 하셨습니다.

여행을 좋아하시는 원장님은 상반기, 하반기에 한 번씩 15일

동안 여행을 가셔서 휴가도 길었고 두 휴일에 낀 샌드위치 데이에는 당연히 문을 열지 않았었고, 환자가 많은 것도 싫어하셨습니다. 합창단에 가입하여 연주를 다니시는 분이기에 병원 쉬는 날이 많다는 것이 제일 좋았습니다.

면접을 보고 바로 합격하여 다음날부터 바로 출근했습니다. 코디네이터 일을 알려준 승무원 출신 친구에게 이 소식을 전하니, 친구가 승무원들이 하는 머리 망 선물을 해주었습니다. 승무원처럼 하는 머리도 알려주며 직접 나의 머리도 만져주었던 고마운 친구입니다.

김수민 회장의 이야기와 깨달음
사내 직원들과 친해지는 방법

　병원 유니폼을 입고 난 친구가 알려준 머리를 했습니다. 원장님이 굉장히 좋아하셨습니다. 머리를 단정히 묶으라고 해도 말을 듣는 직원이 한 명도 없었다고 합니다.

　함께 일하던 직원들은 그 망을 어디서 샀냐고 첫날 물어보았습니다. 그 망은 무용하는 사람들, 승무원들이 쓰는 머리 망입니다.

　일반적인 머리핀을 사는 곳의 망하고는 달랐습니다. 이 독특한 머리 망 하나에 서먹하던 관계에서 반나절 만에 선임들과 금방 친해질 수 있었습니다.

원장님이 유니폼을 입으니 머리를 묶으라고 했지만 퇴근할 때 머리를 묶지 않고 풀고 가고 싶은데, 머리를 풀면 머리 묶었던 자국이 생기는 것이 예뻐 보이지 않아 싫고, 일반 헤어 망은 식당에서 일하는 조선족이 하는 것 같아서 싫었다고 합니다.

여직원들끼리 친해지는 방법은 정말 수월합니다. 여직원들이 많은 회사든 10대 때 유학생활을 하는 유학생 여자아이들끼리도 정말 수많은 어려움이 있다고들 합니다. 아파트 엄마들끼리도 정말 많은 고충이 있다고 합니다.

여자들의 세계는 알 수 없을 만큼 어렵다지만 제게는 정말 쉽습니다. 사람 관계는 그다지 어려울 게 없습니다. 이것을 어려워하기에 직장에 가지 못하고 유학을 가지 못하고 아이 엄마들과 일부러 거리를 두면서 아파트 한 단지에서 공포를 느끼며 사는 사람들이 많습니다.

전 병원 첫 출근 날, 병원 라운딩을 돌았습니다. 수첩과 볼펜을 들고 선임들의 하는 이야기를 일일이 받아 적는 일은 하지 않았습니다. 제가 하는 일은 데스크에 앉아서 접수하고 진료비를 받는 일이었습니다.

안내 데스크 일을 하면 대부분 그 자리에만 딱 앉아서, 그 일만 하려는 직원들을 흔히 볼 수 있습니다. 전 그 일만 하지 않고 그 자리에만 있지 않았습니다. 앞으로 내가 일할 공간과 그 공간에 뭐가 있는지, 무슨 일이 제일 많이 벌어지는지 등등 궁금하였습니다.

진찰실 수술실 대기실 등 앞으로 제가 일할 직장의 동선을 파악 하였고, 어떠한 고객들이 오는지, 고객들이 원하는 건 무엇인지를 생각하고 느꼈습니다. 제게 사람들이 많이 묻곤 합니다.

어떻게 유학원, 병원, 교육원, 협회, 학교와는 전혀 다른 분야의 일을 수월하게 할 수 있겠느냐고 했습니다.

분야에 따라 쓰는 용어, 일어나는 일들, 오는 사람들의 성향이 약간씩만 다를 뿐인 것이 일하는 건 다 똑같습니다. 고객에 입장에서 생각하면 어려울 것이 하나도 없습니다!

김수민 회장의 이야기와 깨달음
고객이 보는 나

　입사한지 1주일이 지나 새로 온 고객들은 저를 그 병원에 수간호사로 봤습니다. 병원 원장님 특성상 직원이 새로워 1주일 정도가 되면 일부러 한 명의 직원을 쉬게 하고 새로운 직원이 업무 파악이 다 되었는지 확인을 하십니다.

　한 명의 직원이 없는 자리를 채울 수 있게끔 새로운 직원을 적응을 시키시는 노하우가 있으셨습니다. 난 그 직원의 일까지 거뜬히 채웠고, 그날의 계기로 병원의 일이 금방 적응되었습니다.

　작은 것에 행복을 느끼시고 당신의 취미를 중요하게 여기시는 원장님은 최고였습니다. 퇴사한 지금도 원장님이 연주를 하실 때면 제게 공연 티켓을 보내주시곤 합니다.

몸으로 일이 적응된 이후에는 고객들의 마음을 보기 시작하며 진심으로 대하였습니다.

특히 부인과 진료는 은밀하기에 난 그 고객의 입장에서 최선을 다했습니다. 데스크에서 말하기 곤란해 하는 고객은 진찰실로 따로 모셔 상담을 했었고, 진찰받기 꺼려하는 고객들을 마음이 놓일 때까지 기다려주었습니다.

보통 병원에 가면 얼굴도 쳐다보지 않고, 메모판을 딱 들이밀며 "이름 쓰세요."라던가 "어떻게 왔어요? 말하기 곤란해 하면, 어디가 불편해서 오셨냐고요~"라고 큰소리로 불친절하게 말하는 직원들이 참 많습니다.

대기실에 앉아있는 사람들이 그 고객을 쳐다봅니다. '저 사람이 어떻게 부인과에 왔기에 말을 못하고 있지.' 하고 온갖 상상을 다하기도 합니다. 소곤거리도 하고. 병원은 아파서 오는 곳입니다. 몸이 아파서 오는 곳이기도 하지만, 마음이 더 아파서 오는 경우가 많습니다. 병은 마음에서 온다고 흔히 말합니다.

피부, 비만 치료를 하러 오는 고객들은 까다롭습니다. 아파서 진료를 받으러 오는 사람들보다 아는 것이 많습니다. 병원은 이제 아파야지만 가는 곳이 아닙니다.

더 아프지 않게 가는 곳이고 더 예뻐지기 위하여 오는 곳입니다. 옛날에 병원은 가까운 곳에 갔지만, 지금은 고객들이 많은 정보를 SNS를 통해 직접 알아보고 후기를 보고 선택들 합니다. 선택이 되려면 회사는 무단히 노력을 해야 합니다.

어느 날 60대 초반인 여성 고객이 오셨습니다. 미국에서 오래 살다가 이제 한국에서 살고 싶어서 소개를 통해 60대 후반인 할아버지와 재혼을 하는데 두 달 뒤 결혼식을 올린다며, 피부 레이저 시술을 받으러 할아버지와 손을 잡고 오셨습니다. 결혼식 날 이 세상에서 제일 아름다운 신부로 보이길 원하셨습니다.

몇 백만 원 하는 고가의 피부 패키지를 끊으셨고, 눈가 주름이 많은데 보톡스 시술을 받을 수 있냐고 물어보셨습니다. 우리 병원은 보톡스 시술은 그때 하지 않았지만 난 "보톡스 시술받을 수 있습니다.

하지만 오늘 시술은 어렵고 아직 결혼식이 두 달이나 남았으니 한 달 뒤쯤 받으시죠."라고 말씀드리고 원장님에게 보톡스를 제약회사에 알아보라고 말씀드렸습니다.

보톡스 시술을 받아 보지 않았던 원장님은 눈가에 살짝 주사를 놓는 거지만, 꼼꼼하신 성격에 잘 할 수 있을까. 걱정을 하셨습니다. 난 원장님에게 내게 시술을 해 보라고 말씀드렸습니다. 겁이 없던 저였습니다.

애교필러는 잘못 시술하면 실명되는 아주 무서운 부작용도 있지만 보톡스는 거의 부작용이 없습니다. 미간에 다소 인상 쓰는 듯이 며칠 보일 수 있지만, 눈가는 안전하다는 걸 잘 알고 있었습니다. 친구들이 시술에 관심이 많아 익히 듣곤 했습니다.

전 한 명의 고객들도 놓치지 않고 부인과 진료, 피부 비만 시술, 피부 레이저 시술 이후 피부관리 시술까지, 보톡스 시술, 화장품 판매까지 매출을 많이 올렸습니다.

원장님은 저로 인해 돈을 많이 버셨고, 지금은 부인과 진료는 거의 보시지 않고, 피부 전문의가 되셨습니다.

60대 분은 결혼식 이후 내게 다시 찾아오셨습니다. 이 세상에서 제일 아름다운 신부였다며 본인은 본인 모습에 너무나 만족스러웠다고 다 내 덕분이라고 말씀 해주셨습니다. 그 이후에 부인과 수술도 여러 번 하셨습니다. 폐경이 되면서 갱년기 여성들은 호르몬 치료를 합니다.

미국에 있는 여성들은 90프로 정도 다 하지만, 우리나라의 여성들은 1프로 암이 생길 수 있다는 말에 하지 않는 분들이 많습니다. 그 호르몬제는 매일 한 알씩 먹어야 하고, 두 달에 한 번씩 병원에서 처방을 받아 약을 구입합니다.

1년에 한 번씩 검사를 꼭 받아야 처방을 해줍니다. 그런 것들을 귀찮아해서 암이 생길 수 있다며 먹지 않습니다. 난 여성의원에서 흔히 볼 수 있었습니다. 호르몬제를 10년 동안 꾸준히 복용

한 분과 먹지 않는 분들의 확연히 다른 점을 알 수 있습니다.

호르몬제를 처방을 받으러 꾸준히 오시는 고객님들은 나의 오랜 단골 고객이 되었고, 그 고객들은 피부, 비만, 보톡스 시술 목돈의 패키지를 끊어 꾸준히 시술받습니다.

한번 시술받고 끝나는 것이 아니라 몇 년 동안 꾸준히 지속하고 있습니다. 지금도 연락을 주시는 여성의원 원장님은 그분들이 지금까지도 받고 있다며, 종종 나의 안부를 물어보신다고 말씀하십니다.

병원 일에 차츰 적응이 되면서 1년이 흘렀습니다. 난 직원이 아니고 대표자의 시선으로 나의 직장을 보기 시작했습니다. 커피타임을 좋아하시는 원장님에게 거침없이 말씀드리곤 하였습니다. "원장님 고객들이 너무나 없어요.

전 지금의 월급으로도 만족하지만, 인센티브도 받고 싶어요. 유학원에서 인센티브를 몇 천을 받아본 난 그냥 월급으로 받는 일이 재미없었습니다.

"부인과 진료만 하지 말고 여성들이 많이 오는 곳이니 산부인과에서 여성의원으로 통합진료를 하는 곳으로 이름을 바꿔 진료를 하면 어떨까요? 여성들이 원하는 진료를 더 추가하는 것입니다."

고객들은 내게 피부가 좋으신 원장님과 피부과 실장 같다는 내게 여기는 왜 피부 레이저나 비만치료를 하지 않느냐고 물어보시곤 했습니다.

그냥 듣고 지나칠 수 있었지만, 난 진지하게 생각하고 하룻밤 잠을 포기한 채 컴퓨터 앞에 앉아 한글 파일 작업을 하여 a4로 뽑아 다음 날 원장님에게 드렸습니다. "원장님 한가한 시간에 읽어봐 주셨으면 합니다."

내용은 값비싼 피부 레이저 기계를 들여서 수요가 얼마나 될지 모르니 데모 기계를 받아서 단골 고객에게 무료 서비스를 제공하여 피부를 좋게 해드려 그분들이 직접 홍보를 하게 하자.

그 뒤에 중고 기계를 구입 더 많은 수요자가 생기면, 그 돈으로 1년 뒤에 정말 좋은 기계를 사자. 피부 레이저 무료 서비스 후, 실장인 내가 진정 마스크 팩을 발라드리겠다. 나 역시 지인이 일하는 피부과를 다니고 있던 때라 레이저 시술에 대해 잘 알고 있었습니다. 원장님에게 구두상 말씀드리는 것이 아니고, 난 꽤나 구체적으로 보고서를 만들어 드렸습니다.

원장님은 생각해보지도 않았던 나의 아이디어에 굉장히 놀라워하셨습니다. 그때는 부인과에서는 부인과 진료만 가정의학과에선 가정의학과 진료만 하던 때입니다.

원장님은 "내가 인턴 시절 가정의학과를 많이 추천받았지만, 산부인과가 돈을 많이 벌수 있어서 이 길을 선택했지, 피부 시술은 부인과 의사인 나도 할 수 있어. 법적으로 전혀 문제없어."라고 말씀하시며 바로 기계업체를 알아보셨습니다.

난 원장님에게 드린 보고서에 기계업체 전화번호까지 기재하여 드렸습니다. 비교할 수 있게 3군데를 알아봐 드렸습니다.

고객 반응은 대박이었습니다. 부인과 진료를 받으러 와서 무료 서비스로 기미를 없애주고 맑은 피부를 만들어주니 너도나도 없이 패키지 상품을 끊었습니다.

부인과 특성상 여성들이 많이 오는 곳이고 출산 후 고객들은 기미도 많고 지방이 많은 배도 흔히 많이 고민합니다. 피부 시술에 대박을 이루고 그것에 안주하는 것이 아니고 전 또다시 원장님에게 얼굴 레이저만 하지 말고, 제모 레이저 시술도 하자고 말씀드렸으며 이어서 비만치료도 하자고 말씀드렸습니다.

비만 약 처방, 비만주사도 대박이었습니다. 레이저 시술과 비만주사를 받으며 고객들은 내 손을 잡고 시시콜콜 집안 이야기까지 다 하는 사이가 되었습니다. 그 고객들은 제가 추천하는 것은 무조건 다 하셨습니다.

보통의 직원들은 원장님이 시술할 때 데스크에 앉아서 거울을 보거나 휴대폰 문자를 보고 있습니다.

난 원장님이 시술이 끝나면 직원을 불러 무언가를 주문하시기 전에 먼저 체크를 하고 시술이 끝나기 전 바로 가져다드립니다.

고객이 따가워하면 손도 잡아 드렸습니다. 받아본 나였기에 그 따가움을 잘 알고 있었습니다.

병원 초봉 급여를 받던 저는 아이디어를 내어 인센티브를 받았고 원장님은 부인과에서 피부 비만까지 하니 큰돈을 버셨습니다. 그 뒤에 난 레이저 시술에 잘 맞는 화장품도 말씀드렸습니다.

빨개지고 따가워하는 고객들의 피부에 맞는 화장품이 따로 있습니다. 화장품을 팔아 돈을 벌려고 난 말 한 것이 아니라, 화끈거려 하고 따가워하는 고객의 입장에서 생각했습니다.

원장님은 화장품을 구비하여 팔고 레이저 시술 후 받을 수 있는 클레임도 없었습니다.

병원에 영업하러 온 제약 회사 직원들은 내게 서로 상품권을 주려고 하였습니다. 우리 회사 약을 써 달라, 우리 회사 기계를 들여놔 달라.

우리 회사 화장품을 써 달라고 요청을 했습니다. 모 제약회사 영업사원들은 원장님에게 일명 접대하지 않고 내게 접대를 했습니다. 새로운 일들을 시작하여 큰 성과를 이룸은 원장님도 좋고 나도 좋고 여러 회사들도 좋았습니다.

한 가지 일에 치우치지 않고 여러 가지 일을 동시에 병행하며 전 계속 업그레이드했습니다. 시간이 없어 못한다는 것은 게으른 것입니다.

  닥치면 다 할 수 있고, 마음만 있다면 못할 것이 없습니다. 일을 하면서 주인의식을 갖는다면 내가 주인이고 주인처럼 일을 한다면 월급은 놀라울 정도로 올라갑니다.

  시키는 일만 한다면 원래의 월급보다도 깎일 수 있습니다. 그럼 그 자리에서만 머무는 것입니다. 머물지 못해 직장을 잃어버릴 수 있습니다.

  다른 사람들은 빠른 속도로 승진하고, 내 사업을 하고 있는데, 난 맨 날 불평불만을 늘어놓으며 늘 그 자리에 그렇게 한숨만 쉬며 제자리에 있는 것입니다!

김수민 회장의 이야기와 깨달음
30대의 김수민

　교육원 파트너 강사로 입사 하였습니다. 제가 가장 좋아하는 일, 제가 하고 싶었던 일입니다. 일을 해야 하기 때문에 하는 것이 아니라 당신이 하고 싶은 일을 하면 좋습니다.

　일을 해야 해서 어쩔 수 없이 하는 사람과 이 일이 좋아서 꼭 하고 싶은 사람과는 일하는 방법과 마인드가 확연히 다릅니다. 당신이 좋아하는 일, 하고 싶은 일을 찾으십시오.

　그럼 행복합니다. 20대 후반에 제가 제일 좋아했던 일은 서비스강사 일입니다. 그리고 이 직업은 50세, 60세, 70세가 되어서도 할 수 있는 일입니다. 나이가 들면서 연륜이 생기며 더 깊은 강사가 될 수 있습니다.

　병원 일을 하며 교육원, 협회 일을 했습니다. 투 잡은 제게 수월합니다. 그때 미국에 다니면서 졸업을 하지 못했던 학사 졸업도 했습니다. 그러니까 쓰리 잡을 한 것입니다.

　한 가지 일만 하는 건 워낙 재미없어 하는 저 김수민입니다. 고민을 털어놓는 지인들에게도 늘 두 가지 옵션을 주며 고민을 상담해주었습니다.

　'이렇게 아니면 이렇게 해보자. 이렇게 할 수밖에 없다.'라고 하지 않습니다. 워낙 저희 가족들은 표현력이 뛰어납니다.

　"이 방법이 좋아! 이렇게 해!" 라고 이야기 하지 않습니다.

　"내 생각은 이런데 네 생각은 어떠니?"

　"내가 지금 요리를 하고 있는데 급하게 두부가 필요해. 미안하지만 사다 줄 수 있겠니?"

　이런 식으로 제게 얘기하며 부탁을 했습니다. 같은 말이라도 표현을 어떻게 하느냐에 따라 상대방은 그 부탁들 들어주기도 하고 들어주지 않기도 합니다.

김수민 회장의 이야기와 깨달음
병원코디네이터협회 심사위원장을 하다

여성의원에서 일을 하며, 교육원에서 병원코디네이터 과정을 맡아 강사 일을 하며, 코디네이터 협회 자격심사위원장으로 일을 했습니다. 수료한 교육생들이 자격심사를 보는 것입니다. 한 달에 한 번 일요일 반나절 파트타임 하던 일입니다.

전 독자들에게 말하고 싶습니다. 끊임없이 배우고 노력하라고. 모르면 모른다고 편하게 얘기하고 도움을 청하라고. 사회생활을 하면서 전 많이 느꼈습니다.

모르는데 아는 척하고, 힘든데 힘들다고 말을 하지 못하는 사람들이 너무나 많은 것을……. 모르는데 아는 척하고 여유가 없는데 여유가 많은 척을 하는 사람들은 꼴불견입니다.

도움을 요청할 수 있는 사람이 있고 도움을 주는 사람이 있다면 정말 행복한 일입니다. 혼자 끙끙 앓으며 오랜 기간 끌고 있으며 그 안에서 헤쳐 나오지 못하는 것이 오히려 바보 같은 행동입니다.

"그걸 왜 모르냐고" 핀잔을 받을 것 같고, 나약해 보일 수 있다고 생각하겠지만, 모르냐고 핍박하는 사람들은 많지 않습니다. 오히려 도움을 요청하지 않는 사람들을 사람들은 더 비난합니다. 어떤 엄마는 이렇게 얘기합니다.

"아이에게 모른다고 하면 안 된다. 어른은 다 알아야 하고, 특히 아빠는 모르는 것이 없으면 안 된다." 난 그렇게 얘기하는 엄마에게 얘기한다. "어른이라고 다 알지 못하고, 부모이기 때문에 다 알아야 하는 건 아닙니다." 이 엄마와 아이의 대화는 이렇습니다. 가끔은 머리를 툭툭 치면서 얘기합니다.

엄마: "넌 이것도 몰라, 학원에 가서 뭐 배웠어? 놀다 온 거 아니야?"

아이: "엄마는 다 알아?"

엄마: "그럼 엄마는 다 알지."

아이: "엄마 핸드폰에서 찾는 거 내가 다 봤어."라며 엄마를 흘겨봅니다.

아이에게 이렇게 말을 하면 좋습니다. "엄마도 배운 지가 너무나 오래돼서 생각이 나질 않네. 우리 같이 찾아볼까?"

아이는 "엄마가 모르면 어떻게"라고 얘기하지 않습니다. 오히려 친구에게 얘기하듯 아주 다정하게 "엄마 우리 같이 찾아봐요."라고 합니다.

아이와 엄마는 사랑이 쌓이며 어릴 때 엄마와의 추억을 떠올리며 소중한 기억으로 남습니다. 그 아이도 엄마가 되어 자신의 아이에게도 그렇게 표현을 할 것입니다.

김수민 회장의 이야기와 깨달음
끊임없이 배우고 투자 하라

저 김수민은 새로운 곳에 가서 배우는 걸 좋아합니다. 당신은 어떻습니까? 반드시 자격증을 꼭 취득해야만 성공하는 것은 아니지만 자격증을 취득하면 자신에게 있어 더 만족스러울 수 있습니다.

전 20대부터 지금까지 쉬지 않고 새로운 일들을 배웠고 일을 놓지 않았고 꾸준히 했습니다. 배우러 간 곳에선 반드시 그곳에서의 일을 하였습니다. 배우고 끝나는 것이 아니라 그곳의 직원이 되어서 일을 하였습니다.

교육 과정을 마치고 자격증을 취득하고 일을 알아보는 것이 아니라 교육 과정을 등록하면서 일을 알아보고 자격증 취득 후 일하는 것이 아니라 그 일을 하면서 자격증을 보다 더 빨리 취득할 수 있었습니다. 성격이 느리고 빠름의 차이라고 할 수 있지만 전 그렇게 생각하지 않습니다.

마음먹기 나름이라고 봅니다. 고객은 마냥 기다려 주지 않습니다. 결정은 신중하고 빠를수록 좋습니다. 그래야 후회가 없습니다. 뒤 늦게 하려다 보면 고객은 떠나고 후회만 남습니다.

교육원에서 한 교육생을 보았습니다. 그 교육생은 늘 힘이 없고 어깨는 쳐져 있었습니다. 얼굴은 근심 걱정이 한 가득이었고, 고객만족 서비스를 위해 일할 수 있는 이미지에 적합하지 않아 보였습니다. 전 늘 근무시간 보다 먼저 가서 일을 준비합니다.

약속시간에도 늘 먼저 도착하여 상대를 기다립니다. 다른 교육생들보다 외모적으로 이미지는 다소 좋지 않았지만, 사회생활을 해보지 않고, 일을 찾기 위하여 오는 교육생들은 지각을 많이 하고 실수도 잦았습니다.

얼굴이 어둡고 이미지가 좋지 않았던 그 교육생의 장점은 천안에서 강남으로 와서 교육받는데, 항상 제일 먼저 도착하여 앞자리에 앉아 있습니다. 어느 날 그 교육생에게 물어보았다.

나: "지금 교육과정이 어떠신가요?"

교육생: "너무 좋아요."라고 말하는데 표정이 아예 없었다.

나: "OOO교육생님은 멀리서 오시는데 늘 제일 먼저 오세요. 취직하시면 대표님들이 참 좋아할 거예요. 이 교육을 왜 받으러 오셨나요?"

교육생: "하기 싫었는데 엄마가 억지로 하라고 해서 엄마가 등록해줘서 온 거예요. 아빠가 얼마 전에 실직하셔서 제가 일을 해서 돈을 벌어야만 해요." 난 이 교육생을 유독 관심을 갖고 열성적으로 도왔습니다.

나: "이 세상에서 제일 사랑스러운 사람은 어떤 사람일까요?"

교육생: "막 태어난 아기? 조그마한 어린 아이?"

나: "아닙니다. 사랑하는 사람과 사랑에 빠진 연인의 모습입니다. 그럼 어떻게 웃는 사람이 가장 예쁠까요?"

교육생: "입 꼬리를 바짝 올려 웃는 모습이오."

난 거울을 보여주며 입 꼬리를 바짝 올려 웃어 보라고 했다. 너무나 어색했다. 난 교육생에게 말하였다. "억지로 입 꼬리만 바짝 올려 웃는 것보다, 눈과 입이 함께 웃어야 가장 예쁜 모습입니다.

일을 해야 하기 때문에 어쩔 수 없이 하지 마시고, 일과 사랑에 빠져 보세요. 그리고 좋아하는 일을 찾아보세요. 마음이 행복해야 고객만족 서비스를 할 수 있습니다."

얼마 뒤에 교육생의 모습은 달라졌습니다. 본인에게 관심을 가져주고, 말을 건네주는 내게 고마움의 표시로 교육을 받으러 올 때마다 천안 호두과자를 한 봉지씩 사다 주었습니다.

그 교육생은 외로웠던 것입니다. 실직하신 아버님으로 인해, 어머님은 교육생에게 화풀이를 하셨고 부부싸움을 늘 지켜봐야 했던 것입니다. 그리고 그 교육생은 원하던 대학에 진학하지도 못하고 돈을 벌여야 했습니다.

친구들처럼 캠퍼스를 거닐며 미팅을 하며 멋있는 남자친구도 만나보고 싶어 했습니다. 전 그 교육생을 제가 일하던 병원에 입사를 시켰고 일하면서 대학생활도 하게끔 도왔습니다.

4대보험에 가입된 직장인이 다니는 산업체 위탁교육생으로 야간 대학에 진학하여 원하는 공부도 하고 돈도 벌고 멋진 남자친구도 만나 결혼하여 행복한 삶을 시작했습니다.

이 일이 좋아서 하는 사람과 이 일이 싫은데도 어쩔 수 없이 돈을 벌여야 하니까 일을 하는 사람은 확연히 다른 모습입니다. 어떻게 마음먹느냐에 따라 다릅니다. 관리자는 알 수 있습니다.

직원이 이 일을 좋아해서 하고 있는 것과 일하기 싫은데 억지로 하는 직원을 잘 압니다. 불만이 많은 사람은 어디서도 성공할 수 없습니다. 이 왕 하는 거 긍정적으로 생각하고 일에 전념한다면 높은 급여를 받을 수 있고 승진도 빠릅니다.

긍정의 마인드로 "나는 반드시 할 수 있다."라고 마인드컨트

롤을 하면 반드시 해냅니다. 사람은 혼자서 살아갈 수 없습니다. 재미없는 삶을 살아갑니다. 그럼 행복하지 않고 성공할 수 없습니다.

가족과 의논하고 친구들과 우정을 나누며 시간을 함께하고 직장에선 대표의 마음을 헤아려 일하고, 내가 일한 만큼 요구하고, 대표가 힘들면 기다려주면서 일을 하면 됩니다. 시간이 조금 더 걸릴 수 있지만 반드시 진심은 통합니다.

김수민 회장의 이야기와 깨달음

성형외과 면접을 보다

면접을 보러 면접실로 들어갔더니 여성 면접관이 계셨습니다. 한눈에 봐도 제일 높은 관리자 포스였습니다. 성형을 많이 하고 도도해 보이고 귀티 나 보였습니다. 먼저 얘기하자면 입사 3개월 후 그 자리에 내가 있게 되었습니다.

그 여성 면접관이 내게 물었습니다.

"100명의 직원이 있는데 그 직원들을 어떻게 관리를 하실 건가요?"

"아침마다 조회를 하고 1주일마다 부서장 회의를 하여 각 부서 관리자끼리 소통하겠습니다."

난 긴장하지 않고 편안하게 대답하였습니다. 그분은 듣더니 "잠시 만요, 원장님과 면접 진행하겠습니다."라고 말씀하셨고 바로 원장님을 뵈었습니다. 원장님과 면접을 보는데 두 가지만 물어보셨습니다. 병원의 문제점과 받고 싶은 급여 금액이었습니다.

"우리 병원에 문제점이 뭐라고 생각하나?"

"대기실에서 대기하고 있는데 너무나 어수선했습니다."

"우리는 고객이 많은 병원이라 원래 어수선해"

"아니 사람이 많아 어수선한 것이 아니라, 클래식 음악, 오락 방송 소리가 제일 어수선하게 들렸습니다."

"월급은 얼마를 받고 싶나?"

"귀사에 정해진 금액을 받겠습니다."

"그러니까 김수민씨는 얼마 받고 싶냐고? 수술해야 하니 얼른 얘기하세요."

"경력이 없는 직원과 똑같이 받겠습니다. 하지만 수습기간이 끝난 뒤에 제가 원하는 급여를 말씀드리겠습니다."

이렇게 면접을 보고 그 병원에서 나왔습니다.

그날따라 높은 건물은 더 높아 보이고 콧대 높은 성형미인들의 코는 더 높아 보이고 차가운 회색도시로 보였고 강남역은 왠지 그날따라 더 춥게 느껴졌습니다.

큰 병원은 싸늘하게만 느껴졌고, 난 절대 저 병원에서 수술은 하지 말아야겠다는 마음도 들었습니다.

그곳은 마치 똑같은 인형을 찍어내는 큰 공장 같았습니다. 압구정, 강남점 두 곳에 있는 병원이었습니다. 몇 년 뒤에 난 압구정을 총괄하는 대표 실장이 되었습니다. 내 지인들이 수술하러 온다고 할 때면 작고 아담한 압구정을 권했습니다.

어떤 친구는 각 부서별로 본인에 대해 다 알 수 있는 압구정 지점을 선호하였고, 어떤 친구는 대표 원장님이 상주하고 계신 강남지점을 선호합니다. 고객이 선호하는 스타일은 다릅니다.

성형외과에서 첫 면접 보기 위하여 난 1시간 넘게 기다렸습니다. 그러나 면접을 본 시간은 딱 5분이었습니다. 원장님이 내게 반말로 말하는 것도 기분이 언짢았습니다. 15층에서 엘리베이터를 타고 내려와 교보 타워쯤 왔을 때 병원 대표번호 인사팀에서 전화가 왔습니다.

"김수민 씨, 내일부터 출근하세요."

"전 내일부터 출근할 수가 없습니다. 1주일 후에 출근하겠습니다."

"왜 1주일이나 걸릴까요?"

"일하는 동안 다른 일들을 볼 수 없으니 준비하는 기간을 두었으면 합니다."

보통 빨리 출근을 해야 좋은 줄 압니다. 그리고는 일들을 봐야 한다고 사정을 해야 할 때가 생길 수 있습니다. 회사에서는 그러한 초보 직원을 신뢰하지 못하고 중요한 일들을 맡기려 하지 않습니다.

난 새로운 곳을 입사할 때 1주일이란 시간을 두고 개인적인 일들과 입사 전 일하던 곳에서 완벽하게 마무리를 짓고는 새로운 곳으로 출근을 합니다.

그 병원의 일 처리는 정말 신속했습니다. 난 100명의 직원이 있는 곳에서 내가 잘 할 수 있을까?하고 내심 걱정이 되었지만 욕심도 생겼습니다.

내가 입사할 때는 100명의 직원이 있었지만 퇴사할 때는 500명가량의 직원들이 있었습니다. 일 처리는 신속했지만, 면접 보려고 기다리는 대기시간 동안 단점도 볼 수 있는 나 김수민입니다.

어느 날 서래 마을에 친구들과 브런치를 하러 갔었습니다. 주차를 하고 어느 브런치 가게를 갈지 우린 둘러보고 있었습니다. 친구들에게 말했다. "저기 영화배우 정우성 있네." 친구들은 "어디, 어디에?" 그런다. 한참 둘러봐도 찾지를 못합니다.

난 잠시 잠깐 둘러봐도 쉽게 잘 봅니다. 마주 오는 사람과 잠깐 스쳤을 뿐인데 그 사람이 입은 옷, 신발, 시계, 벨트를 다 볼 수 있습니다. 회사에 가서 모니터링할 때도 스캔이 잘됩니다. 고객의 니즈를 파악하는 시간도 짧습니다. 고객이 서비스를 느끼는데 걸리는 시간은 15초에 불과합니다.

이 시간을 "Moment of Truth(MOT)라고 합니다. MOT는 투우에서 사용하던 용어로, 마지막에 칼을 꽂아 소의 숨통을 끊는 순간을 나타냅니다.

생사의 갈림길처럼 매우 결정적인 시간이라는 것입니다. 즉 고객의 감성을 사로잡는 데 있어서 MOT는 "마법의 시간"이라고 할 수 있습니다.

김수민 회장의 이야기와 깨달음

성형외과에 입사하다

　1주일 후 출근을 하였습니다. CS 팀 사무실에 있었습니다. 체계가 잡히지 않음을 느낄 수 있었습니다. 수술과 경영을 잘 하시는 대표 원장님은 CS 팀을 만들어 놓으셨지만, CS가 무엇인지 모르는 직원들만이 그곳에 있었습니다.

　원장님을 만나고 싶었습니다. 내가 무슨 일을 해야 하는지, 무슨 일을 하기 바라시는지 보다 그냥 첫 출근했다고 인사만 드릴 수 있는 상황이었습니다.

　원장님은 정말 바쁘신 분이었습니다. 원장님이 다니시는 길은 따로 있었습니다. 대기실 쪽으로는 나오시지 않고 원장실, 수술실, 입원실과 치료실 4개의 층을 비상계단으로 왔다 갔다 하며, CS 팀 수행비서는 무전기를 들고 원장님의 동선을 각 부서 팀장들에게 무전기로 전달합니다.

"원장님 치료실로 1시간 후에 가실 예정입니다." 그러면 치료실 팀장은 치료를 기다리는 고객에게 1시간 뒤 원장님을 만날 수 있다고 전달합니다. 치료 후 수술실에 무전으로 다시 전달합니다. "원장님 수술실로 2시간 후에 가실 예정입니다."

2시간 동안 CS 팀 수행비서는 수술실 밖에서 기다립니다. 그 동안 계속 무전이 옵니다.

상담실장: "지금 원장님 상담 받겠다고 미국에서 와서 두 시간 기다렸어요. 원장님 언제 오세요. 고객님 간다고 난리 난리에요."

무전이 끝나자마자 치료실에서 다시 무전이 옵니다.

치료실 팀장: "수술하고 잘 못 된 것 같다고 치료받으러 와서 막 난리 쳐요. 원장님 도대체 언제 오세요."

수술실 팀장: "수술하려는 시간 보다 엄청 늦어져서 고객님 화났어요. 얼른 원장님 오셔야 합니다."

회복실 팀장: "환자분이 퇴원하기 전 원장님 뵙고 퇴원하신다고 합니다. 원장님 1시간 후에 온다고 하셨는데 왜 2시간이 되도록 안 오시나요?"

대표 원장님 한 명에 일반 원장님들 30명인 곳이었습니다. 대표 원장님을 보고 그분에게 수술하겠다고 중국, 미국, 유럽 등에서 하루에 몇 백 명이 옵니다.

그렇게 입사한지 1주일이 흘렀습니다. 입사했을 당시 CS 팀은 원장님 수행 비서를 하는 팀이었습니다. CS 팀원이 한 명씩 하루 1시간씩 돌아가며 무전기를 들고 원장님과 동행하며 원장님의 동선을 체크하여 각 부서에 전달을 합니다.

그때 CS 팀 직원은 데스크 코디네이터 중 1년 된 직원이 CS 팀으로 왔었습니다. 그 직원들은 데스크에서 친절하게 환한 미소로 고객 응대를 하며 대기실을 빛내는 직원들이었습니다. 각 층마다 데스크 직원들의 하는 일은 달랐습니다.

치료실, 입원실, 수술실, 상담실 데스크 이렇게 4개의 층으로 나뉘었습니다. 그 안내데스크 뒤편으로 치료하는 곳, 입원하는 곳, 수술하는 곳, 상담하는 곳이 있었습니다. 치료실이 있는 데스크 직원은 치료 안내를 하고 수술실이 있는 데스크에선 수술 전, 후에 대해 안내를 합니다.

전화팀, 홍보팀, 사진실 등등 부서가 20개가 넘습니다. 이 병원의 1년이 다른 병원의 3년이라고 합니다. 너무나 바삐 돌아가고 너무나 많은 일들이 일어나는 곳이었습니다. 안면윤곽, 가슴 수술, 눈, 코, 지방 흡입 등등….

정말 많은 고객들이 상담을 받고 수술을 하러 오는 곳이었습니다. 1주일이 지나고 제대로 원장님의 면담을 할 수 있었습니다. 원장님께 난 말씀을 드렸습니다.

"원장님 제가 있을 곳이 아닌 것 같아 그만두겠습니다."

"그냥 3개월만 있어 봐라"

늘 말씀이 짧으셨습니다. 면접 때도 반말을 하며 두 마디만 하신 분이 아니었던가. 질문을 더할 틈도 없었습니다. 원장님은 또 수술을 하러 가셔야 했습니다. 퇴근 후 잠을 청하면서 난 여기서 뭘 하고 있지?를 생각하고 또 생각했습니다.

친구들은 그 병원을 다 알고 있었습니다. 성형외과에 관심이 전혀 없던 나만 몰랐습니다.

친구: "야~그 병원에서 일해? 너 진짜? 정말 멋지다~"

나: "이 병원이 그렇게 좋은 곳이야? 난 몰랐어."

친구: "그래~거기 진짜 유명한 곳이야."

난 그 유명한 병원에서 수습기간 동안만 버텨보기로 했습니다.

김수민 회장의 이야기와 깨달음
성형외과에 적응하다

　CS 팀 중 한 명이 내가 수료한 교육원 출신의 직원이 있었습니다. 그 직원은 내게 너무나 반가워하며 그 교육원에 대해 얘기를 하며 친해졌습니다. 그 직원은 의욕이 넘쳤습니다. 우리 월요일마다 조회를 하고 직원들 교육을 내게 번갈아 가며 같이 하자고 했습니다.

　원장님이 원하던 것이었습니다. 대표 원장님은 직원들을 뽑아 놓고 "너희들이 알아서 해봐라" 하고 미션을 주는 식이였습니다. 병원에서 어떠한 일들이 일어나는지, 어떠한 문제가 있는지, 어떠한 점이 좋은지 등을 CS 팀원들에게 듣고 싶어 하셨습니다.

난 무슨 일을 할지를 알게 된 다음부터는 그곳에서 일어나는 일들이 재미있기 시작했습니다. 많은 직원과 많은 고객이 있기에 늘 새로운 일들이 일어났습니다.

원장님을 따라다니면서 이게 뭐 하는 짓인가 했던 나는 각 부서에서 일어나는 일들을 직접 볼 수 있으니 좋은 기회였고 빨리 병원에 대해 알 수 있었습니다.

작은 로컬 병원들은 병원 전체에서 일어나는 일들을 다 알 수 있지만 큰 대형병원은 CS 팀 외에는 본인이 있는 부서의 일만 알 수 있는 단점이 있었습니다. 큰 병원에서 일을 했다고 하면 1순위로 뽑는 경향이 있지만 사실 그 부서의 일 말고는 잘 알지 못합니다.

원장님은 입사 2달 후 내게 말씀하셨습니다. "넌 20명쯤은 거뜬히 관리할 수 있겠다." 무슨 말인가 했지만 수습기간이 끝난 3개월이 되던 때 알 수 있었습니다. 말씀이 많이 없으시던 원장님은 수습기간 동안 나를 지켜보셨습니다.

수습 기간이 끝난 뒤 난 CS 팀장이란 직함을 얻었고, 내가 원하는 급여도 받았습니다. 6개월이 된 후에는 중간 관리자가 되었고, 1년 후에는 한 지점을 맡아 운영하는 총괄실장이 되었습니다.

데스크 코디네이터 직원과 상담실장, 3명의 페이 닥터, 수술실, 치료실을 관리하는 중간 관리자가 되었습니다.

　6개월 후 중간관리자가 되어, 데스크 직원과 CS 팀원을 뽑는 면접자가 되었습니다. 야간 간호사 관리도 하게 되었고, 청소와 식당 이모님들 관리를 하게 되었습니다. 식당 이모님들 중에도 팀장이 있었습니다. 원장님 식사 담당해주는 분이었습니다.

　마치 날개 단 듯 그분은 어깨에 힘이 엄청 들어갔습니다. "난 원장님 밥해주는 사람이야. 다른 주방 아줌마들과는 달라."라며…사랑스러운 분이셨습니다.

　대표 원장님 식사와 급여 원장님들의 저녁 식사를 준비해주시던 60대 후반이셨던 주방 팀장님은 계란 프라이를 하는 날이면 꼭 내 밥 아래에 깔아주시며 윙크를 하셨습니다. 사회생활을 정말 잘 하시는 분이셨습니다.

김수민 회장의 이야기와 깨달음
나의 일에 애정을 갖다

　나의 직급에 누가 되지 않게 나의 일에 애정을 갖게 되었습니다. CS 팀을 더 키우고 싶었습니다. 내가 하는 일이니 애정을 가졌습니다. 대기하는 고객들에게 설문지를 받으며, 병원에 문제점과 개선할 부분, 만족스러운 부분들을 취합하였습니다.

　고객님이 불만을 제기한 직원에게는 경위서를 받았고, 연봉협상도 내가 맡아 하였습니다. 친절 직원에게는 포상을 해주었고, 친절 배지와 상품권도 주었습니다.

　대표 원장님은 내게 자주 말씀하시곤 했습니다. "넌 아이디어가 뛰어난 직원이야. 그런 아이디어는 어디서 나오니?"라고 난 나의 아이디어는 여러 나라를 다니며 경험을 해보았던 것에서 놓치지 않고 세심하게 바라본 눈과 마음의 덕분이라고 생각합니다.

회사에서 이익 창출을 내려면 또 망하지 않고 영원히 지속되는 기업이 되려면 내부고객이 외부고객보다 중요합니다. 내부고객은 직원들이고 외부고객은 말 그대로 병원에 찾아오는 고객들입니다.

회사를 제일 잘 아는 내부고객이 밖에 나가서 불만을 표출한다면 그 회사는 망하는 첫 지름길입니다. 회사를 키우기 위해서 경영자는 고객의 니즈만을 파악하는 것이 아니라, 내부고객인 직원들의 니즈도 파악하고 들어주고 어루만져 주는 과정 또한 반드시 필요하다 생각했습니다.

그렇게 하면 비로소 서로가 행복해지는 따뜻한 서비스는 전달된다고 생각되었기에 난 고객들보다도 직원들의 니즈를 파악하여 어루만져 주었습니다.

어느 날 오후 각 층 라운딩을 하며 화장실 문에 1주일마다 바뀌는 좋은 글귀가 잘 붙어있는지 확인하기 위해 화장실에 들렀는데 화장실 안에서 누군가가 울고 있는 울음소리가 들렸습니다. 그 곳은 직원들만 오는 화장실이었습니다.

손을 닦으며 기다렸습니다. 잠시 뒤에 나온 그 직원을 보니 3

일 전 새로 출근한 데스크 코디였습니다. 왜 그러냐고 물어보니 구두 신은 발과 다리가 너무 아프고, 아무도 본인에게 말을 걸어 주지 않고 일도 알려 주지 않아 하루가 너무나 힘들었다고 합니다.

퇴근 후에 그 직원에게 전화해서 이 많은 직원들이 그 과정을 다 거쳐 왔다고 말해주었습니다. 버틸 수 없을 것 같으면 바로 그만두는 게 좋다고 했습니다. 이틀을 버티지 못하고 퇴사를 하거나 그날 바로 아무 말 없이 도망가는 직원도 적지 않았습니다.

그 직원은 내게 버텨보겠다고 했고 그 직원은 지금까지 그 곳에서 오래 일하고 있습니다. 종종 전화를 걸어 내게 말합니다. 그때 나의 전화 한 통이 큰 힘이 되었다고 말입니다.

원장님은 나에 대하여 또 다르게 보기 시작하셨고 그날의 그 계기로 각 부서마다 새로 오는 힘든 직원들을 내게 보내셨습니다.

치료실로 입사를 했지만 수술실이 더 적성에 맞는 직원이 있었고, 사람을 대면하며 상담하기보단 전화 상담이 맞는 직원들이 있었습니다. 난 직원에 따라 부서를 결정해주는 역할도 하였습니다. 협회 심사위원장 때처럼 말입니다.

김수민 회장의 이야기와 깨달음
성형외과에서 만난 나의 고객들

 원장님 수행 비서를 하고, 직원관리를 하고, 원장님은 이제 VIP 고객 응대와 고객 관리를 하라고 내게 일을 주셨습니다. 데스크 코디의 꿈들은 하나같이 상담실장이 되는 것입니다.

 멋진 유니폼을 입고 화려하게 꾸미고 멋있게 상담을 하고 인센티브를 받는 것입니다. 코디가 상담실장이 되려면 족히 3-4년은 걸립니다. 난 6개월 뒤에 보통 고객이 아닌 VIP 고객의 상담 전담을 맡게 되었습니다.

 VIP 고객이 어떤 사람일까요? 큰돈을 쓰는 사람이 맞습니다. 눈 수술부터 윤곽 가슴수술까지 하는 병원입니다. 성형외과 원장들은 비싼 보형물의 재료가 들어가는 가슴수술보다는 전혀 재료가 들어가지 않고 깎기만 하면 되는 고가의 수술인 윤곽수술을 더 선호합니다.

성형외과의 VIP는 고가의 수술을 하는 사람이다. 난 VVIP를 만들었습니다. 바로 우리 병원에서 수술을 하고 만족하여 소개를 많이 해주는 고객입니다. 그 어떠한 홍보보다도 값진 홍보입니다.

난 그 고객들에게 전화하며 감사 인사를 잊지 않았고 직접 전화로 연락을 드렸습니다. "000고객님, 10월 1일 턱 수술하셨는데 지금은 어떠세요? 소개해주신 000님은 상담 받고 불편하신 점이 없다고 하시던가요? 소개해주셔서 감사합니다."

고객님의 수술 안부를 물었고 소개해주신 분까지 챙겼습니다. 수술하신 분은 안심을 하셨고, 본인이 소개한 분까지 챙겨주니 면목이 섰다고 합니다. 그 결과 상담 받고 가신 분은 눈 수술을 하셨고 그 뒤에 코 수술까지 이어 하셨으며 주위에 지인들을 소개하였습니다.

반드시 알아야 할 것이 있습니다. 충성 고객들은 영원하지 않습니다. 만족도가 큰 만큼 본인에게 소홀히 대하면 뒤도 안 보고 언제든 떠날 수 있으니 꾸준히 지속해야 합니다.

어떤 것에 만족을 하셨고, 불만족스러운 건 없으셨는지를 자연스레 물으며 해결할 수 있는 스킬이 있어야 합니다.

수술한 고객들은 3일 동안 두 번을 치료받으러 나와야 합니다. 경기권에 거주하시는 분들은 문제가 없지만, 경상도, 전라도 분들은 수술 후 다음날 오고 또 그 다음날 오는 것이 힘듭니다.

대표 원장님께 고객님들의 고충을 말씀드렸습니다. 집이 멀어 수술을 꺼려하셔서 상담만 받고 수술로 이어지지 않는다고 말씀드렸습니다.

그 뒤에 원장님께서는 회복실과 입원실을 더 늘리셨고, 수술만 잘하는 병원이 아니라 수술 후 관리도 잘 하는 병원이 되었습니다. 또 상담만 받는 것에 그치지 않고 수술로 이어지고 소개로 이루어지는 병원이 되었습니다.

내게 상담하러 오는 분들에게 진심으로 상담을 해드렸습니다. 성형하겠다고 온 사람들에게 무조건 성형을 하라고 권유하고 싶지 않았고 무조건 수술을 시켜달라는 고객도 이해가 되지 않았습니다. 난 특히 그렇게 애원하는 학생들에게 수술하지 않아도 된다고 얘기를 했습니다.

성형을 하러 온 사람들 중에는 남자친구와 이별을 했거나, 남편이 바람을 피웠거나, 연예인, 승무원, 아나운서 지망생들이 많았습니다. 경찰 시험 준비를 하는 사람들도 왔었습니다. 경찰이 되려는데 성형은 왜 하지? 다양한 이유들이 있습니다.

나의 단골 고객은 외국에서 자라서 외국 생활을 하는 분들이 많았습니다. 얼굴은 한국 사람이지만 마인드는 서양인입니다. 한국을 낯설게 느끼는 그들은 의심도 많았고, 큰돈을 내며 한국에서 성형하는 것에 대하여 매우 까다롭게 상담을 원했습니다.

난 진심으로 상담을 하였고 마지막엔 다른 곳에 가서도 상담을 받아보라고 권했습니다. 그 고객들은 여러 군대에서 상담을 받고 나에게 다시 와서 나를 믿고 원하는 시술을 하였고 본인의 가족, 친한 지인 소개를 많이 하곤 했습니다.

어느 날 캐나다에서 수술을 하겠다고 온 남자 고객이 있었습니다. 30대 초반인 그는 맑게 상담실로 들어와 내게 말했습니다.

고객: "누나, 나 수술하려고 돈 많이 모아왔어요. 어디 수술을 하면 좋을까요?"

나: "고객님 어디가 불만족스러우신가요?"

고객: "누나, 내 얼굴이 너무 싫어요."

나: "고객님 얼굴이 왜 싫어요? 너무나 멋진 분인데…"

고객: "여자들이 나를 좋아하지 않아요. 단 한 번도 내가 좋아하는 여자를 사귄 적이 없어요. 이제 결혼도 해야 하고 잘 생기고 싶어요."

나: "고객님 오늘 댁에 가서 어디 부위를 정말 수술 하고 싶은지 진지하게 생각해보시고 다시 상담에 와 주세요."라고 말씀 드

렸습니다.

그렇게 친근하고 애절하게 말하는 그에게 무작정 돈만 생각하고 수술을 권할 수가 없었습니다. 그의 얼굴은 호감형은 아니었지만 정말 믿음직스럽고 순수했습니다.

다음날 출근을 하니 그는 나보다 먼저 출근하여 대기실에서 기다리고 있었습니다.

고객: "누나, 나 안면윤곽, 눈 쌍꺼풀, 앞트임, 뒤트임, 코 높이고 넓은 콧방울 좁히는 수술해 주세요."

나: "고객님이 어제 진지하게 고민하고 결정한 건가요?"

고객: "아니요, 다른 두 군대 병원에서 상담 받았는데 그렇게 하래요."

나: "그런데 왜 거기서 하지 않았어요?

고객: "누나네 병원에서 하고 싶어요. 나에게 멋지다고 한 분은 누나가 처음이에요. 그리고 다른 병원에서는 이곳저곳 수술하라고 하는데 누나는 생각하고 오라고 하셨잖아요."

이렇게 수술을 절실히 원하는 분은 수술을 해야 합니다. 난 그에게 언제 캐나다로 다시 들어가야 하냐고 물었고, 그는 1주일 후 가야 한다고 했습니다.

나: "전 눈, 코를 하시라고 권하겠습니다. 얼굴을 볼 때 가장 먼저 보는 곳은 눈이에요. 눈이 선명해진다면 그 효과는 몰라볼

정도로 큽니다. 코 수술은 1주일 후에 실밥 제거를 해야 하니 다음에 한국에 오실 때 15일이란 시간을 갖고 오시고 이번에는 눈 수술만 하고 들어가세요!"하고 했습니다.

눈 수술만 한 이 고객은 몰라볼 정도로 멋있어 졌습니다. 앞, 뒤트임도 하지 않았습니다. 그의 눈은 졸려 보이는 눈입니다. 그런 눈은 눈매교정만 해도 이미지가 달라 보입니다.

그는 캐나다에서 미용실을 크게 여러 개 둔 고객이었습니다. 미용실 여직원들을 내게 소개하였고 소개한 그 숫자는 어마어마 했습니다.

대표 원장님은 처음에 내게 상담을 못한다고 하셨지만 그 뒤에 소개로 오는 고객의 수와 수술 금액에 놀라셨습니다.

그는 10년 동안 짝사랑 해 온 그녀와 약혼식을 했고 그 뒤에 결혼을 했습니다. 내가 멋있다고 말을 했기에 자신감이 생겼다고 합니다.

그의 피앙세는 졸려 보이는 그의 모습에 게으를 것 같이 보였고 책임감 없어 보여 싫었지만 달라진 외모와 자신감에 결혼을 결심했다고 합니다. 그는 사랑하는 사람과 결혼도 했고 부동산 재벌도 되었습니다.

한국에 올 때마다 내게 고마움에 표시로 캐나다의 대표인 내가 좋아하는 캐나다의 아이스와인을 사다 주곤 했습니다.

요즈음 성형 부작용으로 극단적인 결정을 하는 사람들이 있다는 뉴스를 종종 봅니다. 조건 수술을 하라고 하기 보단 수술이 꼭 필요한지를 생각하고 오라고 말씀드립니다.

내게 상담 받는 사람들에게 말합니다. 미인의 기준은 사람마다 생각하는 관점이 다릅니다. 어떠한 사람은 얼굴이 청순한 아이유를 예쁘다 하고 또 어떤 사람은 얼굴이 화려한 스타일인 판빙빙을 예쁘다고 합니다.

마른 사람을 좋아하는 사람도 있지만, 글래머스한 사람을 좋아하거나, 아주 뚱뚱한 사람에게 매력을 느끼는 사람들도 있습니다. 낮은 코를 귀엽다 하는 사람, 작은 가슴이 사랑스럽다 하는 사람 등등 사람들이 좋아하는 스타일은 제각기 다릅니다.

서양 사람들은 사각 턱을 매력 있어 하고, 쌍꺼풀 없는 동양인의 눈을 좋아하고, 오히려 높은 코를 낮추는 수술을 합니다.

서양 사람들 대부분은 얼굴보다는 몸매에 신경을 더 씁니다. 비만이 생기지 않도록 노력하고, 비만에 걸리지 않으려 노력합니다. 또 동남아시아 사람들은 북한의 김 정은처럼 뚱뚱한 사람을 부잣집 사람이라며 좋아하지만 요즘 추세는 비만은 가난함의 상징이라 합니다.

어느 날 어떤 남자아이가 연예인 지망생이라며 와서 코를 무조건 높게 해달라고 했습니다. 이미 그 아이는 여러 번의 코를 높였습니다. 난 그 아이에게 노래와 안무 연습을 더 하라고 얘기했고, 그는 성공한 아이돌이 되었습니다. TV에 나온 뒤에도 종종 이메일이 왔습니다.

"누나 그때 그렇게 얘기해줘서 너무나 고마웠어요." 코가 높다고 더 성공하진 않는다. 쌍꺼풀이 더 크다고 성공하지 않는다고. 난 내게 상담 받는 고객들에게 진심으로 대했습니다.

지금 충분히 예쁘고 멋지니 자신감을 갖고, 하려는 일에 더 집중을 해보세요. 얼굴보다는 몸을 더 신경 써서 몸매를 더 가꾸고, 피부를 더 예쁘게 가꾸라고 했습니다.

성형외과에는 중국 분들도 많이 와서 수술을 받습니다. 내가 다니던 성형외과는 중국에도 병원이 있습니다. 중국 분들이 한국에서 수술을 받고 중국에 가서 치료를 받곤 합니다. 성형외과에 오는 중국 사람들은 의심이 다소 많습니다.

특히 조선족 분들은 의심을 더합니다. 가이드는 병원에 불쑥 들어와 내가 중국 사람들 몇 명 데리고 오면 얼마를 주겠냐고 물어보기도 했습니다.

얼마를 주겠다고 금액이 맞으면 5분도 안되어 여러 명의 중국 고객을 데리고 옵니다. 중국에서 성형한 사람들은 이상한 수술법을 많이 받고 한국에 와서 재수술을 받으려고도 합니다.

이상한 이물질을 넣고 제거해 달라고 하거나 수술 부작용으로 염증이 심해 고름이 뚝뚝 떨어져 오기도 합니다.

어느 날 조선족 분이 오셨습니다. 중국 마사지 숍에서 일하시는 분인데 외모가 화려했습니다. 팔자 주름에 필러를 넣어 달라고 했습니다. 당일에 와서 상담을 받고 바로 시술을 받고 갔습니다. 그다음 날 소리를 고래고래 지르며 병원에 들어왔습니다.

필러 시술받았는데 하나도 효과가 없다며 대기실 바닥에 누워 있습니다. 성형외과 시술은 자기만족이기 때문에 의사가 수술을 잘해도 불만족스러워하는 사람들이 많습니다.

총괄실장인 나는 그 고객을 진정시키고 상담실로 모셨습니다. 뭐가 불만인지 진지하게 물어보았습니다. 본인의 마음을 표현하는 사람들은 많이 없습니다. 특히 중국 분들이 그러합니다.

그 고객은 큰돈을 내고 시술을 받았지만 전혀 효과가 없다고 또 소리 지르기 시작했습니다. 난 바로 그 분의 마음을 읽을 수 있었습니다. 필러는 고가의 금액입니다. 더 많이 넣고 싶었던 것입니다.

시술을 받는 사람들의 마음은 두 가지 유형으로 나뉩니다. 티가 나지 않게 아주 자연스럽게 해달라는 분과 이왕 시술받는 거 무조건 티가 나게 해달라는 사람으로 나뉩니다. 그 사람은 주사의 양이 더 듬뿍 들어갔으면 하는 것입니다. 난 고객에게 물어보았습니다.

"필러의 양이 더 들어갔으면 하시는 건가요? 더 놓아 드릴까요?"

그 고객은 말이 없었습니다. 바로 그 고객이 원하던 말을 들은 것입니다. 그렇다고 대답도 하지 않고 조금 전처럼 그냥 소리도 지르지 않습니다.

난 이런 고객들을 볼 때면 마음이 답답해져 옵니다. 왜 이렇게 밖에 자신이 원하는 것을 표현을 할 수 없을까? 필러를 더 맞은 후 고객은 그제서야 활짝 웃었습니다.

난 다시 고객을 상담실로 모시고 "고객님 다음부터 제게 원하는 걸 문자로 주세요. 오셔서 소리 지르시면 목 아프시잖아요." 그 뒤에 고객은 문자로 얘기하였고, 병원에 소리를 지르며 요구하는 고객은 없었습니다.

그 이후에 중국 마사지 숍의 직원들을 내게 보내 수술을 하게 하였습니다. 소리를 지르는 고객이 오면 보통의 여느 병원들은 경찰을 부르곤 합니다. 외국인 분들은 불법 체류자도 간혹 있습니다.

난 그러한 것까지 세세히 생각하여, 경찰을 부르지 않았습니다. 나의 마음과 배려를 고객들을 느끼고 있었습니다. 나의 단골 고객들은 다양한 직업을 갖고 있었습니다.

제약회사 영업사원, 보험회사 사원, 가수, 성악가, 뮤지컬 배우, 승무원, 아나운서, 학교 선생님, 학원 강사, 한의사, 간호사, 운동선수, 은행원, 장교 출신의 부인, 재벌가 며느리 등이었습니다.

이처럼 다양한 직업의 고객들과 다양한 성격의 소유자들을 나의 단골 고객으로 만들어 그 고객들이 자신감을 갖고 본인의 업계에서 크게 성장하는 것을 볼 때면 내 직업이 뿌듯했고 나 자신도 행복했습니다.

어느 날 수술실에서 큰일이 났습니다. 가슴, 윤곽 수술이 전문인 병원에서 눈, 코 수술은 아주 작은 수술입니다. 코 수술은 수면마취 후 간단히 귀 뒤에 연골을 떼서 수술하는 경우와 전신마취 후 코 안에 비중격 만곡증 수술을 하는 경우가 있습니다.

코 질환을 호소하는 사람들이 늘어나게 되며, 코 막힘과 콧물이 계속 나는 증상이 있어도 사람들은 흔한 감기와 비염으로만 생각해 치료를 미루게 되는 경우가 있습니다.

그러나 증상이 오해 지속된다면 콧속의 구조적인 원인으로써, 이 수술을 하는 경우가 있습니다. 휘어진 코를 바로잡고 더불어 예쁘게 코 모양을 만드는 수술을 하는 것입니다.

전신마취를 하는 고객들은 수술하기 전 혈액검사를 합니다. 내가 일하던 병원에는 전문 임상병리사가 있었고 마취를 하는 마취과 원장님이 여러 명이 늘 상주했습니다. 보통의 작은 병원은 마취과 의사가 출장으로 와서 마취를 하고 또 다른 곳으로 출장 가는 경우도 있습니다.

전신마취를 하고 코 수술하던 20대 여학생이 수술 후에 깨어나지 않아 근처 종합병원 중환자실로 갔습니다. 그 환자분은 폐에 물이 차 있었다고 합니다. 전문적으로 혈액검사를 했고, 마취과 원장님도 바로 옆에서 계속 상주하고 있었습니다.

성형외과에서 폐에 물이 찬 거까지는 알 수가 없습니다. 이 여학생의 아버지는 다른 병원의 흉부외과 의사였습니다. 이러한 일들이 생기면 법무팀 직원, 수술실 전담 직원과 CS 팀장인 내가 늘 갔었습니다.

환자가 깨어날 때까지 여러 명의 직원들은 보호자와 함께 중환자실 앞에 있습니다. 몇 박 며칠을 대기중에 있습니다. 보호자의 감정 상태는 수시로 바뀝니다. 그럴 수밖에 없습니다. 대부분 보호자들은 나와 함께 있을 때 편안해 했습니다.

보통의 직원들은 이런 경우 정말 진심으로 안 된 일이다 생각하지만 몇 박 몇일을 있다 보면 정말 힘이 듭니다. 회사를 그만두고 싶은 정도입니다. 보호자를 위로하지만 힘들어 짜증이 나는 모습이 표출되기도 합니다. 그 모습에 보호자들은 더 불쾌해합니다.

나도 고생스럽고 힘들었지만 이상하게도 보호자들은 다른 직원 다 필요 없고 나만 있게 하라고 원장님에게 말합니다. 난 행복하지만 생사의 갈림길에 있는 상황엔 나도 많이 힘들었습니다. 대부분 이런 환자분들은 시간이 다를 뿐이지 반드시 깨어납니다.

그 뒤에 보호자들은 내게 더 고마워합니다. 큰 위로가 되었고 병원 측에서 진심으로 미안해함을 느낄 수 있었다고, 씁쓸하기도 하지만 이런 일이 있은 후로 내가 원하는 연봉을 받을 수 있는 큰 계기였습니다.

사람들이 부러워할 수 있는 큰 병원에서 일을 하는 것이 자부심도 가질 수 있고 뿌듯하기도 하지만 병원에선 많은 일들이 발생됩니다. 늘 바쁘고 여유로움은 없습니다. 명절, 방학, 긴 연휴는 병원의 성수기입니다.

수술실은 24시간 돌아가고 직원들은 월차도 없습니다. 성수기가 끝나고 원하는 날짜에 휴가를 갑니다. 그렇게 휴가를 가면 이상합니다. 병원이 아닌 곳에 있는 내가 이상했고 쉬고 있는 게 불안한 적도 있었습니다.

내 휴대전화는 몇 년 동안 2개였습니다. 하나는 개인 폰, 하나는 회사 폰입니다. 밤에도 회사 폰을 받아야 했고 쉬는 날에도 받아야 했습니다.

그때 나의 소원은 조용한 커피숍에서 아주 느리게 차를 마셔

보는 거였습니다. 월차도 없이 성수기에 일을 하여야 하고, 해가 뜰 무렵 출근하여 어두울 때 퇴근하는 내 삶이 재미없었습니다. 관리자들은 특히나 퇴근이 더 늦습니다.

   대표원장님을 만나 뵙고 오늘 하루 있었던 일을 보고 드리고 다음 날 할 일을 컨펌 받아야 했기 때문입니다. 입사 몇 년 후부터는 월급을 돈 세는 기계에 넣고 센 적도 있습니다.

   큰돈들이 오가는 회사였기에 은행에서 쓰는 기계가 있었습니다. 내게 어느 날 그 돈들이 마치 종이와 같았습니다.

김수민 회장의 이야기와 깨달음
성형외과에서의 성과

　CS 팀을 체계적으로 만들어 내었고, 내부고객의 만족도를 크게 만들었습니다. 친절 직원에게 포상을 하니 더 열심히 하였습니다. 원장님은 직원들이 회사에 만족을 하니 마음을 편안해 하셨습니다.

　여자들이 많은 조직에서는 내부적으로 다툼이 많습니다. 병원이 클수록 화려할수록 직원들은 더 높은 직위에 올라가고 싶어 하고 더 화려해지고 싶어 합니다.

　여자들의 고충을 하나하나 들어주기에는 수술하느라 바쁜 대표 원장님은 힘들어합니다. 월급 원장님들도 나름 의사이기에 고분고분하지 않습니다. 그 직원들의 마음을 사로잡았고, 고객들의 마음도 사로잡았습니다.

지금도 대표원장님과 연락을 하는데 고객이 집에 되돌아가서도 며칠 뒤에도 다시 연락하여 고맙다고 말하는 VIP의 만족스러운 응대는 500명의 직원 중 단언컨대 내가 최고라고 하십니다.

난 소개를 많이 해주시고 비싼 수술을 여러 번 하는 고객들을 관리하였습니다. 소개를 해주는 분에게는 메모를 꼼꼼히 하여 잊지 않고 보답을 해 드렸습니다.

그 고객들이 병원에 오실 때면 팀원들을 시켜 병원 입구에서부터 시술받고 집으로 가시는 차 앞까지 바로 옆에서 고객 응대를 하게 했습니다.

팀원들과 다니는 그 고객은 그러지 않는 고객에게 나는 특별하다고 은근히 과시를 하며 병원 여기저기를 다니곤 합니다. 그들은 큰돈을 쓰지 않고 소개를 하기만 했는데 큰 성형외과의 VVIP가 되어 멋지게 강남을 활보합니다.

그 뒤엔 더 많은 소개를 하였고 그들의 클레임도 매우 적습니다. 우린 소개도 받고 큰 소리로 불만을 호소하는 고객을 거의 볼 수 없는 장점도 생겼습니다. 고객도 좋고 직원인 우리도 좋고 경영하시는 원장님도 좋습니다.

김수민 회장의 이야기와 깨달음
성형외과를 그만두다

　사내커플로 결혼을 하였고 아이를 얼른 낳고 싶었습니다. 그 무렵 20년 지기 절친 두 명이 동시에 임신을 해서 태교를 한다고 뜨개질을 하고 입덧을 하는데 무지 부러웠습니다.

　눈빛만 봐도 잘 알고 우리 셋만의 얘기들로 하하 호호 웃었는데 언젠가 만나면 늘 아이 얘기들을 하는데 그때 난 투명인간 같았습니다.

　늦둥이였던 난 중, 고등학교 때 고등학교만 졸업하고 대학에 들어가자마자 결혼할 거야라고 생각을 하곤 했습니다. 일찍 결혼해서 일찍 아이를 낳고 싶었습니다. 서정희 씨를 보면서 아이들의 언니같이 보이는 모습이 예뻐 보였습니다. 아빠 같은 오빠에 엄마 같은 언니가 다소 창피하던 사춘기 시절도 있었던 것 같습니다. 학창시절의 생각과는 다르게 난 30대 중반에 아주 예쁜 아이를 낳았습니다.

김수민 회장의 이야기와 깨달음
봉사활동, 크리스마스에 만난 그 아이들

결혼을 해서 봉사활동을 많이 다녔습니다. 언니가 구의원으로 활동할 때, 지역구 일에 많이 참가했었습니다. 여러 봉사활동 경험 중에서도 가장 기억에 남는 봉사활동은 내가 산타 할아버지가 된 것입니다.

결손가정의 아이 집에 찾아가서 케이크에 초를 켜고 크리스마스 노래를 불러주고 선물을 주고 오는 일이었습니다. 아이 집을 찾아가 벨을 눌렀습니다. 초인종이 있는 집도 있었지만 초인종이 없는 집도 많았습니다.

크리스마스 봉사활동을 하던 중 유독 기억에 남는 집이 있습니다. 똑똑똑 초인종이 없어 문을 두드리니 놀란 눈으로 얼굴이 하얀 여자아이가 나오면 조용히 해야 한다고 내게 말했습니다. 초등학교 6학년 즈음으로 보이는 아이였습니다.

아빠가 술에 취해 주무시고 계시는데 깨면 화를 내시니 내게 그냥 돌아가라고 했습니다. 정말 그냥 내가 갔으면 하고 간절히 원하는 눈빛이었습니다.

난 아이에게 "아버님께서도 이번만큼은 화를 내지 않으실 거니, 여쭤보고 다시 나올래?" 하고 난 눈이 펑펑 오던 날 그 아이의 집 앞에서 한 30분을 기다렸던 것 같습니다.

기다리면서 아이가 혹시 나오지 않는 건 아닐까, 그냥 돌아가야 하나, 집 앞에 케이크와 선물을 그냥 두고 갈까…. 여러 가지 생각을 하며 기다리던 차에 그 아이가 나왔습니다.

"아빠가 잠에서 깨서 들어오셔도 된다고 허락해 주셨어요. 들어오세요."라고 하여 난 집안에 들어갔습니다.

조그마한 거실에 나란히 방 두 개가 붙어 있었고 거실만 불을 켠 채 두 군대의 방은 아주 컴컴했습니다. 방 하나는 언니가 누워있었고 소주병 3개가 널 부러져 있는 그 방엔 아버님이 누워 계셨습니다.

주무시는지 깨어 있는지 모른 채 난 오로지 환한 거실에서 "고요한 밤 거룩한 밤~ 어둠에 묻힌 밤~" 노래를 부르며 눈물이 났습니다. 나도 울고 얼굴이 하얀 그 아이는 볼이 붉어지며 흰 눈동자도 빨개질 정도로 울었습니다. 노래가 끝나고 그 아이는 초를 불었습니다.

그러고 나서 크리스마스 선물을 건네었습니다. 그때 그 아이의 얼굴이 환해지며, "크리스마스 선물 처음 받아 봐요. 감사합니다."라고 아주 조그마한 목소리로 내게 말했습니다.

"아버님과 언니 잠에서 깨시면 맛있게 케이크 함께 먹어요."라고 하고 얼른 나왔습니다. 흰 눈을 밟으며 얼른 뛰어 다른 집으로 향했습니다. 너무나 가슴이 먹먹했던 크리스마스이브 날이었습니다.

다음 찾아간 집은 조선족 부모가 밤새 일을 하여 혼자 있는 아이였습니다. 그 아이도 초등학교 5학년 즈음 된 듯합니다. "부모님은 집에 없으세요?"하고 물으니 "며칠 동안 안 들어오셨어요. 저 혼자 있어요."라고 말했습니다.

그 아이 눈가엔 눈물이 아닌 멍자국이 있었습니다. 그 멍은 왜 들었냐고 물어보고 싶었지만 물어 볼 수 없었습니다. 미국에서의 지인이 생각났습니다. 아이에게 큰소리로 얘기해서 옆집에서 신고하여 경찰이 찾아와 경찰서에 끌려갔었다고 했습니다.

난 그 아이에게 그 멍에 대하여 묻지도 따지지도 못하고 또 경찰에 신고도 못했습니다. 한국 사회는 가정 사에 끼어들지 말라고, 내 아이 내 맘대로도 못하냐 하고, 내 아이 버릇 고치려 한 대 때렸다고 하면 그러려니 하는 사회이니까…. 봉사활동을 하며 그런 가정에서 자라고 있는 아이들을 보며, 내가 반드시 성공하여 도와주고 싶었습니다.

김수민 회장의 이야기와 깨달음
봉사활동, 임종을 기다리는 어르신들

요양원 봉사도 많이 갔습니다. 요양원을 보내는 자식들은 불효이고, 요양원을 가면 자식이 나를 버리는 구나라고 생각하는 시대는 지난 듯합니다.

요양원에 계시는 어느 어르신은 "여기 너무나 좋아요. 혼자 있을 때는 밥도 못 먹고 무릎이랑 허리가 아파서 기어 다녔는데, 여기 오니 휠체어도 있고, 밥도 잘 나오고, 친구들도 많고, 노래도 부르고, 종이접기도 하고 너무 좋아요. 우리 동생은 돈이 없어 오지 못해요."라고 말씀하셨습니다.

어느 어르신은 화장을 늘 곱게 하고 계셨습니다. 그 어르신은 노래 자랑할 때마다 대상을 받으셨습니다. 나름 그곳에서 연예인이셨습니다. 대부분의 요양원은 어르신의 건강, 인지 상태에 따라 층이 나눠집니다.

지금 얘기한 곳은 건강하신 분들이고, 위층은 코에 코 줄을 끼고 그 줄에 미음을 받아 드시며, 식물인간처럼 누워만 계시는 분들입니다. 그렇게 10년도 계시는 분이 계셨습니다. 그 어르신들을 보며 나의 미래도 그려보았습니다. 하루를 살더라도 후회 없이 살아가자 마음먹었습니다.

시에서 운영되는 언어치료 심리센터에도 여러 번 갔었습니다. 언니가 맡아서 하는 곳이었습니다. 거기 오는 아이들은 또래에 비해 말을 못 하기 때문에 아이들이 말을 배우러 왔었습니다.

엄마들은 "우리 아이가 왜 이렇게 말을 못 할까요? 너 왜 이렇게 말을 못 해?!"라고 하시는 엄마도 계셨습니다. 그 어머님은 얼굴이 어두웠습니다. 아이 셋을 돌보면서 체력적이나 마음이 힘들어 보였습니다.

우리 사회는 우울증을 받아들이지 않고 난 절대 우울하지 않다고 하며 자신을 다르게 얘기하고 숨기지만 이제는 바뀌어야 합니다. 우울하면 우울하다고 말할 수 있어야 하고 힘이 들면 힘들다고 말하며 나를 도와 달라고 말 할 수 있어야 합니다.

가정이 행복해야 밖에 나가서도 당당하고 성공할 수 있습니다. 높은 곳을 바라보며 신세한탄만 하며 부정적이기 보단 낮은 곳을 보며 내 삶이 낫다고 긍정의 마인드로 최선을 다해 살아간다면 후회 없이 행복할 수 있습니다.

봉사활동한 후에 아이들과 어르신들에 대하여 더 알고 싶었습니다. 그래서 미술 상담치료, 방과 후 요리 강사, 푸드 테라피, 바리스타, 간호학원에 가서 공부를 하였습니다. 자격증이 정말 많습니다.

나의 꿈은 사업가였습니다. 일정한 월급만 받기보다는 제 이름을 걸고 큰 사업을 하고 싶었습니다. 그래서인지 그 당시에 우리나라에서 제일 좋은 요양원을 차려 운영해 보고 싶은 생각도 들었습니다. 하지만 요양원은 정말 넓은 마음으로 정성을 다하여야하기 때문에 쉬운 결정은 아닙니다.

김수민 회장의 이야기와 깨달음
40대 김수민, 대학원에 입학하여 직원이 되다

　아이를 어느 정도 키웠고, 유치원을 다니게 된 이후, 나를 찾고 싶었습니다. 더 배우고 싶고, 새로운 사람들을 만나고 싶었습니다. 석사과정을 얻기 위해 대학원에 입학을 하였고, 사회복지 전공을 하게 되었습니다.

　5학기 중 1학기를 마치고, 어느 날 학교에서 연락이 왔습니다. 입학 시 나를 면접 보신 분이기에 나의 이력에 대하여 아주 잘 알던 분입니다. 그분은 내게 학교 직원이 되어, 공무원들의 학사관리과정을 맡아 보지 않겠느냐고 하셨습니다.

　공무원들은 1년 동안 행정대학원 소속 교육생이 되어 학교로 출근하여 여러 가지 특강을 듣고, 연수를 다니기도 하고, 특별활동도 하며 논문 제출 후 다시 회사로 복귀를 하는 과정입니다.

100만이 넘는 도시에서 주는 혜택인데 그 분들은 6급 공무원으로써 각 부서의 팀장이고 큰 성과를 낸 사람들로써 공무원 생활 20년에서 25년 차의 공무원이며 20명이 뽑혀서 교육생이 되어 학교로 왔습니다. 오래 공무원 생활을 하였고 팀장들이기에 나름의 권위의식도 있었습니다.

처음에 입학 시 그 어떤 회사보다도 차가운 분위기였습니다. 서로 아는 사이들이지만 학교라는 곳이라 서로 견제하고 25년가량 일하던 사무실도 아니고 학교라는 곳에 무척이나 낯설어 하셨습니다. 1년 과정을 마치고 끝날 때는 평가를 받고 몇 명은 상을 받습니다.

난 깐깐하고 까칠한 분들을 내 편으로 만드는 걸 아주 좋아합니다. 내가 지금까지 했던 일들이 다 그렇지 않습니까? 불만 고객을 충성 고객으로 만들고 내가 일하는 곳에 오면 기분 좋아지게 합니다.

고급스러운 고객만족 서비스를 제공하며 회사의 큰 이익 창출로 이어지게 하는 역할이 곧 내가 제일 좋아하는 일이고, 내가 제일 잘하는 일입니다. 20명의 공무원들을 내 편으로 만들기 위해 노력했습니다.

먼저 다가가 말을 걸고 회장 부회장 총무와 회의도 자주 하였고, 티타임도 자주 가졌습니다. 학교 건물 2층에 강의실이 있었고 내 사무실은 1층에 있었습니다.

처음에 친해지기 위해 난 계단을 오르락내리락 하루에도 10번 이상을 올라갔습니다. 엘리베이터도 있었지만, 그 분들을 계단에서 마주치는 느낌도 좋았습니다.

1주일정도 시간이 흐르고 내가 올라가던 시간에 맞추어 그분들이 먼저 내가 있는 사무실로 내려오셨습니다. 마이크와 레이저 포인터 기를 척척 가져가시고, 특강 오시는 교수님들의 프로필을 먼저 챙기어, 특강 오신 교수님을 직접 소개하셨습니다.

그들끼리 서로 임원들을 뽑아 특히 운영위원장님은 내가 하는 일들을 거의 다 해주셨습니다. 난 나름 의리가 있습니다. 졸업식 때 그분을 우수상을 받게 힘을 썼습니다.

그분들이 나와 더 친해지길 원하셨기에 특별활동 시간에 하는 기타 배우기, 탭댄스, 골프도 같이 하곤 했습니다. 골프는 20살 때 처음 시작해봤고, 30대 초반에 다시 해봤었는데, 40대인 그 때도 내게 재미없는 운동입니다.

골프채를 휘두르는 건 재미없지만 아침공기를 맞으며 필드에 나가서 멋진 경치를 보고 걷는 건 정말 신납니다. 직접 카트를 운전하는 것도 재미있고, 동남아 특히 발리와 중국의 심천에서의 골프장은 최고입니다. 난 정적인 운동을 좋아합니다. 특히 요가와 필라테스를 할 때 정말 행복합니다.

특강을 하러 오시는 분들은, 학교 교수님들도 있지만 대부분 전 장관, 차관, 전 국회의원, 전 대사님, 유명한 대기업 회장님이었습니다. 종종 부시장님이 오셔서 공무원분들을 격려하셨고 식사도 하곤 했습니다.

부시장님을 모시던 수행비서 분은 내게 다음 해에는 시청에서 보고 싶다고 말씀 하셨습니다. 시청에서 근무하라는 제의도 받았지만 난 공무원 조직과는 잘 맞지 않습니다. 내 사업을 하고 싶은 사람입니다.

학교에서 특히 그 과정을 맡아 일하지 않았다면 죽을 때까지 못 만나볼 분들입니다. 그분들은 하나같이 리더십이 있습니다. 큰일을 하는 분들은 정말 남다릅니다. 하나같이 그분들은 리더십을 강조하십니다. 어느 조직에서든 리더십은 가장 중요합니다.

어느 날 전 장관님이 특강을 오셨습니다. 이 분은 내비게이션을 쓰시지 않는다고 합니다. 강연 시간이 촉박해져도 티맵조차 켜지 않고 길을 뱅뱅 헤매서 학교에 도착하셨습니다. 기계가 자신을 조정하는게 싫다고 하셨습니다.

휴대폰도 스마트 폰이 아니고 폴더 폰입니다. 특강을 오신 연세가 있으신 유명인사들은 폴더 폰을 쓰는 분들이 많았습니다.

길을 헤매는 전 장관님에게 직원들은 전화기로는 길을 알려드리며 자주 헤매는 그분을 짜증스러워했습니다. 그분에게 설명을 해봤자 못 찾아 오실게 뻔히 보였습니다. 강연 시간도 촉박해 왔습니다.

난 전 장관님께 그곳에 그냥 주차하고 계시고, 내가 직접 그곳으로 내 차를 가지고 가서 모셔왔습니다. 그분께서는 내가 일하는 방식에 무척이나 마음에 들어 하셨습니다.

내가 일하는 방식입니다. 몸으로 뛰어야 할 때는 재빠르게 움직이는 것입니다. 결정을 내릴 때도 빠른 편입니다. 성공한 유명인 들을 보며 배운 것이 리더십과 빠른 결정입니다.

이 분은 잠시 일본에 머무실 때 인터넷 설치가 2-3주 소요된다고 할 때 기다리다 심장 터져 죽을 뻔했다고 하셨습니다. 한국 사람들이라면 모두 공감할 것입니다.

유럽도 마찬가지입니다. 그런 문화에 익숙해질 때쯤 한국으로 돌아온다. 라는 재밌는 말씀들을 많이 하셨습니다. 그분은 시간 내에 도착하여 무사히 강연을 끝냈고, 교육생들도 강연하신 분도 모두 만족스러운 하루였습니다.

장관, 차관, 국회의원, 대기업 회장 분들은 퇴직을 하고 강연가의 길로 들어섰습니다. 대부분 본인의 책을 쓰셨고 책을 가지고 오셔서 강연 전에 주셨습니다. 요즘은 책이 프로필입니다. A4용지로 출력해 오는 분들은 많이 없습니다.

책을 쓰는 요소는 정말 중요합니다. 나를 알릴 수 있고, 나의 일에 대해 자부할 수 있습니다. 그래서 나도 책을 쓰고 있습니다. 공무원 교육과정을 통하여, 공인들을 만나 뵈며 그분들의 리더십을 배울 수 있어 너무나 행복했습니다.

한 가지 일을 20-25년가량 한 공무원 교육생들에게도 많은 것을 배울 수 있는 좋은 기회였습니다. 모든 지속할 수 있다는 것은 중요하고 정말 행복한 일입니다.

학교에선 다음 해에도 그 과정을 했으면 하셨지만 하지 않았습니다. 1년의 경험으로 충분하다 생각이 들었습니다. 더 솔직히 얘기하자면 학교에서의 직원으로써 난 맞지 않는 듯합니다. 같은 공간에 있는 사무실 여직원들도 답답해 보였습니다. 많지 않은 직원 3명에서 돌아가면서 왕따를 시키곤 합니다.

어느 날 왕따를 당하는 직원은 내게 와서 훌쩍 울었던 적이 있습니다. 본인들은 내게 티 내지 않으려 했지만 자기들끼리 속 좁게 일하고 있다는 것을 난 알고 있었습니다.

여직원들이 많이 있는 곳에서 오래 일했고, 그곳에서 직원관리를 했던 나였으니 잘 보였습니다.

회사 동료들은 어쩌면 같이 사는 가족보다 함께 하는 시간이 더 길수 있습니다. 매일 보고 하루하루를 함께 하는데 왜 속 좁게 서로를 험담하며 일을 하는 조직이 많을까에 대한 안타까움이 많습니다.

내 옆에서 특히나 많이 도와준 여직원은 늘 외로워 보였습니다. 그 직원은 남편과의 갈등으로 이혼을 하고 7살 아들을 혼자 키우는 싱글 맘입니다. 내 아이보다 한 살이 많았습니다. 그 여직원은 공부를 아주 잘했고 똑똑하고 마음은 순수했습니다.

그런 그 여직원이 난 좋았습니다. 본인의 얘기를 잘 털어놓지 않는 사람이었고, 피부과 의사를 하고 있는 여고 동창생 한 명 말고는 친구도 아예 없었습니다.

아이 이야기로 친해지면서 친구가 되었습니다. 그 여직원은 아버지가 암으로 수술하셔야 했고, 수술 이후 모셔야 하는 것에 엄청 고민을 하며 매일 울었습니다.

병원에 대해 잘 알고 있는 나였기에 그 암 수술의 권위자를 알아봐 주었고, 간병인을 알아봐 주었고, 요양원도 알아봐 주었습니다.

주위에선 내게 고민을 들어주는 것에만 그치지 않고 마치 나의 일처럼 내가 방법을 제시하고 해결을 해 주는 남다른 사람이라고 말합니다.

사람들은 커피 마시고 밥만 먹으며 우린 친하다고 난 너를 소중하고 깊게 생각하고 있다고 말을 합니다. 난 그런 사이는 원하지 않습니다. 내가 좋아하는 사람은 내가 그가 되어 진심으로 대합니다. 그 여직원은 다른 학교의 직원으로 입사했습니다.

출근 전 내게 연락을 하고 출근해서의 고충을 나와 상의합니다. 그 외에 무슨 일이 있을 때마다 나와 상의하는 걸 좋아합니다. 학교는 주차비를 받습니다. 학교에서 주차장을 관리하는 것이 아니고 사설업체가 주차장 관리를 합니다.

교수의 종류는 대학교에 위탁을 받아 일정한 시간만 학생을 가르치는 시간강사, 아직 교수 칭호는 얻지 못했지만 특정 학교에 소속되어 월급을 받으며 장래 해당 학교 학과에 교수 자리가 비면 그 자리를 이어받아 교수가 될 전임강사, 정식으로 교수가 되면 경력 등에 따라 되는 조교수, 부교수, 전임교수, 정교수로 나눕니다.

정교수 외에는 대부분 주차비를 냅니다. 그 외에 교수들은 주차비를 내는데, 직급에 따라 내는 비용이 달라지기도 합니다. 유독 주차비를 내지 않으려는 교수님이 있으셨습니다. 주차비 때문에 화를 내고, 주차비용을 내지 않게 처리하라고 직원들에게 시키기도 합니다.

그 주차비가 뭐라고 한 달에 한 만 원 정도 내는 건데…. 그 교수님은 만 원이 아깝다기 보단 특별대우를 받고 싶어 하는 것입니다.

난 화를 내지도 않았고 더더욱 교수도 아닌데 출근 1주일 후부터 주차비를 내지 않고 1년을 다녔습니다. 일부러 안 내려고 하지도 않았는데 그 까다로운 주차 담당 여사장님께서 내 사무실로 찾아오셔서 내게 주차비를 내지 말라고 하셨습니다. 난 고맙기도 했고 그 배려가 부담스러웠습니다.

출근 5일째 즈음 주차 부수를 통과하면서 여사장님을 보니, 한쪽 눈에 안대를 끼고 있었습니다. 며칠 보았던 분이라 말을 건넸습니다. "눈이 많이 아프신가 봐요?"라고 물어본 것 밖에 없습니다.

주차장 일을 하면서 그렇게 물어봐 준 사람이 단 한 명도 없었다고 합니다. 주차 부수에서 주차 바가 올라가면 그냥 차는 통과됩니다. 많은 사람들은 그냥 통과했지만 난 창문을 내리고 늘 인사를 했습니다. 의식하지 않았습니다.

그분이 먼저 웃어 주시기에 난 웃으며 인사드렸습니다. 밝게 환한 미소로 늘 인사를 하고 아프냐고 물어 본 내게 너무나 기분이 좋았다며 통 크게 결정을 해주신 겁니다. 지금도 가끔 학교를 갈 때면 주차비를 받지 않으려 하시며 오히려 받는 것을 미안해 하십니다.

학교에서 근무를 하며 주차장에서도 특별대우를 받았고 공무원 교육생들께 마치 교수의 대우를 받았고 사무실 여직원들은 의지하고 큰일이 있을 때 내게 상의하고 진행하였습니다.

1년을 함께 했던 공무원 교육생 분들하고는 아직도 연락을 하며 소통하며 지내고 있으며 석사과정 졸업식을 하던 날에 행정대학원장님께서 내게 감사패를 주셨습니다.

지금까지 내가 한 일들은 이렇습니다. 어릴 적부터 난 사업가가 되고 싶었고 공인이 되고 싶었으며 내 이름을 걸고 내가 성공하고 싶었습니다.

지금까지는 누구의 비서로써 역량을 다했고, 단 한 번도 회사의 대표님들에게 누가 되지 않게 진심을 다하여, 최선을 다해 나의 일에 충실하였습니다.

김수민 회장의 이야기와 깨달음
직장을 그만두고 나만의 직업을 갖다

 직장은 퇴사를 하고 나면 없어집니다. 하지만 나의 직업은 없어지지 않습니다. 난 나만의 직업을 찾았습니다. 나의 직업은 작가 강연가 사업가입니다. 이 직업은 직장처럼 없어지지 않고 영원합니다. 나만의 책은 내가 이 세상에 없어도 남아있습니다.

 남아서 나의 자식들에게 유산이 됩니다. 부모가 돈으로만 유산을 남기는 것이 아니라 지혜의 삶을 영원히 남길 수 있게 됩니다. 그리고 난 강연가입니다. 나를 찾아오는 고객들은 나의 경험을 바탕으로 코칭 받아 사업에 성공을 합니다.

 개인의 목표를 성취할 수 있도록 자신감과 의욕을 고취시키고, 실력과 잠재력을 최대한 발휘할 수 있도록 최선을 다합니다. 함께 잘 되고 싶은 나 김수민입니다. 나의 고객이 성공하여 그 의미를 함께 공유하면 그것에 보람을 느끼고 행복합니다.

자, 그럼 저와 함께 성공하고 함께 행복 하실 준비가 되셨습니까? 저는 준비가 되어 여러분들을 기다리고 있습니다.

수민 회장의 이야기와 깨달음
서비스 불감증에서 벗어나라

　노크를 하고 들어온 그의 첫인상은 자신감 넘치고 당당해 보였습니다.

　"앉으십시오. 무엇을 도와드릴까요?"

　"고민이 있어서 왔습니다. 제가 변호사를 개업 한지 4년이 좀 지났는데 요즘 들어 의뢰인이 점점 줄어서요. 제 실력은 변함이 없는 것 같은데 왜 그럴까요. 상담을 마치고 돌아가는 의뢰인들의 표정이 석연치 않아요."

　"글쎄, 왜 그럴까요. 혹 의뢰인들을 대하면서 실수는 없으셨나요?"

"아뇨, 저는 일단 일을 맡으면 승소하기 위해 최선을 다합니다. 솔직히 재판에서 이기면 저보다 의뢰인에게 더 이익 아닙니까? 물론 고압적인 태도를 취한 적은 있지만 일 하나만큼은 정확하게 했습니다. 사실 저만한 변호사 만나는 것도 쉬운 일은 아니거든요."

"그 말씀은 마치 외뢰인이 당신에게 잘 보여야 한다는 의미로 들리는군요."

"꼭 그럴 필요까지는 없지만, 가능한 한 제 심기를 건드리지 말고 순순히 따라주어야겠지요."

"그렇다면 요즘 의뢰인들의 태도가 왜 바뀌었다고 생각하나요?"

"다른 변호사 사무실에서 영업을 잘하나 보죠."

그는 자신에 대해 잘 모르고 있었습니다. 코칭 전문가인 나를 대하는 태도가 이 정도이니 의뢰인인 고객 앞에서는 더 거드름을 피웠을 것입니다.

"혹시 최 변호사님은 고객의 이런저런 요구에 일일이 대응할 필요가 없다고 생각하시나요?"

"당연하죠. 저의 전문적인 지식과 실력을 사려고 하는 외뢰인은 분명 행운아입니다. 제 말을 잘 따라주어야 하는 건 당연하지요."

나는 잠시 생각에 잠긴 후 그에게 진단을 내렸습니다.

"변호사님의 증세는 '서비스 불감증'입니다.

"서비스요? 물론 제 직업은 전문 서비스업입니다. 하지만 제가 서비스를 안 하기라도 했단 말인가요? 전 법률 서비스를 전문으로 하고 있어요."

"법률 서비스라고 해서 법에 관한 지식과 정보만 주는 게 다는 아니죠. 엄밀히 말해 변호사님은 법률 서비스를 통해 의뢰인들에게 정신적, 경제적 만족감을 주는 데 실패했어요. 업무를 진행할 때 고객중심의 사고가 부족하다는 말입니다."

"아니, 그럼 제가 백화점 판매사원들처럼 고객들에게 꾸벅꾸벅 인사라도 해야 한다는 말입니까?"

"백화점 사원이나 변호사님이나 똑같은 서비스인 입니다. 뭐가 다르죠? 서비스를 제공하고 고객의 참여로 경제적 이익을 얻는다는 점에서 똑같습니다. 그런데 변호사님은 상대를 배려하는 마음이 부족하군요. 전문적인 지식을 제공했는지는 몰라도 '고객 존중'이 이루어지지 않았다는 말이죠. 제가 질문을 몇 가지 드리겠습니다. 재판이 진행될 때마다 일일이 고객에게 상세하게 설명했습니까?"

"아뇨."

"그러면 부재 시 고객이 전화를 했을 때 돌아와서 바로 연락을 드렸나요?"

"아뇨, 시간이 날 경우에만 했습니다."

"그것 보세요. 그 두 가지 사항만 보더라도 변호사님이 업무를 진행하면서 고객을 배려하지 않았다는 걸 알 수 있잖아요. 이제부터라도 변호사님의 업무가 고객 중심의 서비스라는 걸 인식해야 합니다. 일의 가치와 사건의 해결 방향이 모두 고객을 위해서 진행되어야 하죠.

최 변호사님, 일정한 돈을 지불하고 상품이나 서비스를 이용한다면 거기에 걸맞은 대우를 해 주어야겠죠? 고객에게는 선택의 권리가 있는 데다 돈을 충분히 지불했으니 그만한 대우를 받아야지요. 백화점에서 넥타이를 하나 사더라도 최고의 서비스를 제공받는데 수임료를 몇 백만 원이나 받는 변호사님이라면 더 철저하고 친절하게 서비스를 제공해야 하지 않을까요?"

"전 고객이 저의 전문 지식과 탁월한 능력을 산다고 보지 친절을 산다고 보지는 않습니다."

"하지만 전문 지식과 능력이 고객에게 전달되는 방법 또한 중요해요. 상대를 배려하면서 추진한 일과 그렇지 않은 일은 결과가 다르죠. 우리나라 전문직 종사자들은 서비스관이 너무 희박해요. 선진국의 경우 의사나 변호사, 회계사도 일반적인 서비스 직종 종사자로 여겨지는 데 반해 우리나라의 경우 권위와 특권의 상징이죠. 서비스 정신이 잘 발휘되지 않고 있어요."

"그렇다면 저도 고객을 대할 때 굽실거리면서 인사하고 요구하는 대로 다 해주어야 하나요?"

"그건 굽실거리는 게 아니라 환영의 표시입니다. 고객 앞에서는 변호사님도 서비스인 이므로 최대한 관심을 가지고 배려해야 한다는 의미죠."

"아, 그래요. 대충 이해는 갑니다. 하지만 아직 피부로 와 닿지는 않네요."

"물론 처음에는 그러실 거예요. 하지만 21세기에는 누구나 자신의 고객을 관리해야 하고 고객이 원하는 대로 서비스를 제공해야 합니다. 대통령의 고객은 국민이고 변호사님의 고객은 의뢰인이고 제 고객은 바로 변호사님이죠. 이렇게 서로서로 고객을 위해 서비스를 준비한다면 상생(win-win)이 가능하지 않을까요?"

"직업에 대한 개념을 바꾸라는 말씀이군요."

"그렇죠. 과연 법률 서비스란 무엇인가 곰곰이 생각해보시면 금세 정답이 떠오를 겁니다. 오늘은 고정관념을 깰 수 있는 책 한권 드립니다. 2주 뒤에 또 뵐 수 있을까요?"

"아무래도 또 만나야 될 것 같습니다."

"그럼 또 뵙죠."

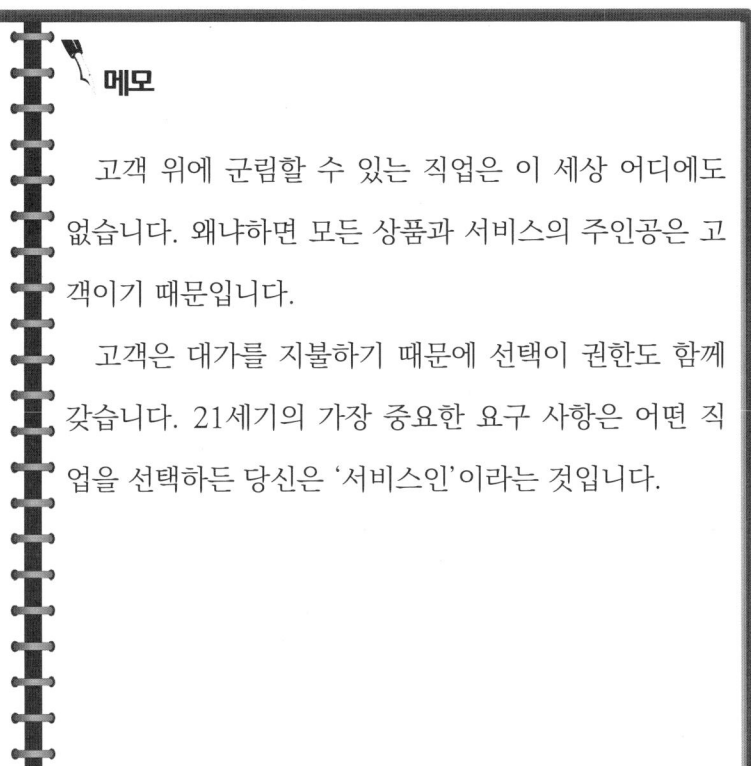

메모

    고객 위에 군림할 수 있는 직업은 이 세상 어디에도 없습니다. 왜냐하면 모든 상품과 서비스의 주인공은 고객이기 때문입니다.

    고객은 대가를 지불하기 때문에 선택이 권한도 함께 갖습니다. 21세기의 가장 중요한 요구 사항은 어떤 직업을 선택하든 당신은 '서비스인'이라는 것입니다.

김수민 회장의 이야기와 깨달음
고객의 오감을 만족시켜라

"안녕하세요. 매니저님. 지난번 패밀리 레스토랑에서 저도 맛있게 식사를 했어요. 오늘은 무엇을 도와드릴까요?"

"아시다시피 저는 패밀리 레스토랑에 근무합니다. 그곳에서 10년 넘게 근무하면서 고객에게 최고의 서비스를 제공한다는 마음으로 친절을 생활화했어요. 매일 아침 직원들에게 인사 연습을 시키고 고객의 말에 무조건 따르라고 지시했지요. 그런데 길 건너편에 패밀리레스토랑이 새로 생기면서 손님이 많이 줄었습니다. 기존 고객들도 제 친절에 그리 만족하는 것 같지는 않았어요. 문제가 무엇일까요?"

"그래요? 그렇다면 김 매니저님이 지금껏 제공하신 서비스에 대해 점검해 보겠습니다. 혹 빠진 게 있을지도 모르니까요. '서비스'하면 가장 먼저 뭐가 떠오르세요?"

"서비스요? 당연히 친절이지요. 상냥하게 웃어주고 고객의 요구에 최선을 다하는 것 아닌가요?"

"맞아요. 그런데 매니저님은 열심히 친절을 실천하셨지만 서비스에 대해 너무 편협한 생각을 가지고 계신 것 같아요. 많은 사람들이 서비스란 친절하기만 하면 된다고 생각하지요. 하지만 서비스는 보다 더 복잡하고 세심한 노력을 요합니다. 자, 사람들이 서비스에 대해서 무엇을 기대하는지 한번 봅시다. 다음 문장을 보면 서비스의 의미가 조금씩 다릅니다. 다음 사항을 무엇을 뜻할까요?"

◇ 이 화장품 사면 서비스 없나요?
◇ 이 식당은 서비스가 만점이네요.
◇ 오늘은 내가 가족을 위해 서비스한다.
◇ 완벽한 서비스로 고객을 지켜드립니다.

나는 매니저에게 종이를 건네면서 각 난의 서비스가 의미하는 것이 무엇인지 하나씩 적어보도록 했습니다.

◇ 덤, 공짜
◇ 친절
◇ 애프터 서비스
◇ 봉사
◇ 안전

"매니저님, 이것만 봐도 서비스가 의미하는 게 다섯 가지나 되지요? 좀 더 확대해서 생각해 볼까요? 우선 아주 친절한 식당에 갔는데 음식에서 머리카락이 나왔다면 아무도 서비스가 좋다고 생각하지 않아요. 그렇다면?"

"청결이 중요하겠네요."

"놀이공원에서 갑자기 청룡열차가 멈추었다면 아무도 서비스가 좋다고 느끼진 않겠죠? 안전이 결여되어 있기 때문이에요. 또 서비스를 제공할 때 친밀감을 표시한다면서 고객이 신체를 함부로 만진다면 이 역시 좋은 서비스라 할 수는 없겠죠?"

"매너를 말하는 건가요?"

"예, 사실 서비스는 단순히 친절만 의미하진 않아요. 친절하고 봉사정신을 발휘하고 매너 좋고 청결하고 안전하고 신속하고 정확해야 하죠. 종합해서 말하자면 서비스가 좋다는 것은 고객의 눈과 귀와 입과 마음까지 만족시키는 정성과 노력인 것입니다. 지금까지 제공하신 서비스가 이 기준에 합당했나요?"

"그러고 보니 사실 많이 부족했네요. 전 친절하기만 하면 되는 줄 알고…."

나는 매니저에게 서비스에는 무엇이 있을지 좀 더 적어보라고 했습니다. 그는 내가 건넨 답안지에 다음과 같이 적었습니다.

질문: 서비스란?

답: 고객 만족을 위한 종합예술

메모

서비스는 단순한 서빙(serving)과는 구분됩니다.

고객은 단지 공복을 다스리기 위해 식당을 찾지는 않습니다.

또한 의사의 실력만 보고 병원을 찾지도 않습니다.

고객의 오감을 만족시켜야 합니다. 그것이 진정한 서비스입니다.

김수민 회장의 이야기와 깨달음
서비스의 한계를 뛰어넘어라

며칠 뒤, 패밀리 레스토랑의 김 매니저가 환하게 웃으며 들어섰습니다.

"어서 오세요. 매니저님. 업무상 변화가 좀 있으셨나요?"

"예, 우선 제 생각을 바꾸니까 평소에 안 보이던 것들이 눈에 들어오더라고요. 예전에는 직원이 인사를 안하거나 무표정한 것만 눈에 띄었는데 이제는 고객이 문을 들어선 순간부터 유심히 보게 되었어요.

우리 식당에 들어왔을 때 깨끗하고 정돈된 느낌을 받는지, 고객이 기대하는 패밀리 레스토랑의 분위기인지, 음식 주문 후 많이 기다리지는 않았는지, 주문한 음식이 정확하게 나왔는지, 고객의 질문에 직원이 제대로 대답했는지 등이 다 파악되더군요."

"매니저님이 기준이 높아지면서 직원들도 부담을 좀 느꼈겠네요."

"예, 이것저것 신경 쓰느라 좀 힘들었나 봅니다. 하지만 고객들은 변화를 느꼈는지 아주 편안해 하더라고요. 아직 3일밖에 안 돼서 잘 모르겠지만 지속적으로 서비스를 변화시켜볼 생각입니다."

"예, 그럼 오늘은 좀 더 진도를 나가볼까요? 아까 고객이 문을 들어선 순간부터 세심하게 서비스를 살핀다고 하셨죠? 그런데 사실 고객이 레스토랑 안으로 들어오기 전부터 서비스는 시작됩니다.

고객이 레스토랑에서 즐겁게 식사를 하고 나서 돌아갈 무렵 갑자기 소나기가 내려 당황한다면 서비스가 감점될 겁니다. 따라서 서비스 효과를 지속시키려면 조금 더 신경을 써서 전날 일기예보를 통해 비가 온다는 것쯤은 미리 알고 있어야겠죠.

이때 우산을 미리 준비해둠으로써 서비스의 품질을 최고로 만들 수 있습니다. 이것은 고객을 만나기 전부터 이미 서비스가 시작되어야 한다는 의미입니다.

서비스는 고객과 헤어진 후에도 계속 됩니다. 고객의 신상 카드를 보관했다가 생일날 축하 카드와 함께 식사권을 보내는 것도 일종의 서비스죠."

"만나기 전부터 만난 이후까지 서비스를 제공하라는 말씀이시군요."

"예, 서비스가 시간적 한계를 넘어서게 되면 사전 서비스(before service)와 사후 서비스(after service)가 가능하다는 얘기입니다."

"저는 사후 서비스에 대해서는 생각하고 있었지만 사전 서비스는 생각도 못했네요."

"또 있어요. 이번에는 서비스의 깊이에 대해 생각해 보죠. 지금 한 고객이 백화점에 와서 코트를 하나 사려고 합니다. 이때 고객의 욕구는 '마음에 드는 옷'입니다.

이것은 눈에 보이는 가시적 욕구이지만 자세히 고객의 마음을 읽으면 보이지 않는 욕구도 파악할 수 있습니다. 고객에게는 보다 특별하게 대우받고 싶은 욕구, 자신의 존재를 인정받고 싶은 비가시적 욕구가 있죠.

서비스의 영역은 보이는 욕구뿐만 아니라 보이지 않는 욕구까지 포괄해야 합니다. 여기에 고객이 미처 느끼지 못하는 잠재적 욕구까지 헤아려 준다면 금상첨화입니다. 그렇게 해야 완전한 고객 만족이 이루어지고 서비스인도 보람을 느낄 수 있습니다."

"아, 그렇다면 선생님 말씀을 제가 한 번 요약해 보겠습니다. 결국 완벽한 서비스란 개념적, 시간적, 가시적 한계를 뛰어넘는다는 말씀이시죠?"

"예, 서비스란 고객을 만나기 전부터 시작해 보이지 않는 곳까지 읽어내는 고도의 감성 테크닉이죠."

그로부터 한 달 뒤 김 매니저에게서 이메일이 왔습니다.

'저에게 말씀해주신 서비스를 실천하면서 느낀 점이 많습니다. 서비스의 개념적, 시간적, 가시적 한계를 극복하려면 결국 생활 자체가 서비스가 되어야 한다는 거죠.

언제 어디서 누구를 만나든 서비스를 제공할 수 있어야 하기 때문에 제 생활 자체를 그렇게 변화시켰습니다. 가족이나 이웃에 대해서도 말이죠. 그러니까 아주 쉽게 풀리더라고요. 고객이 찾아왔을 때도 특별히 긴장할 것 없이 늘 하던 대로 하면 그게 곧 서비스가 되니까요. 감사합니다.'

> **메모**
>
> 고객을 만나기 전부터 준비를 하십시오. 고객이 보이지 않는 마음까지 읽으십시오. 현재의 고객뿐 아니라 미래의 고객에게도 최선을 다하십시오. 그러면 서비스는 한계를 뛰어넘습니다.

김수민 회장의 이야기와 깨달음
먼저 자부심을 가져라

"직업을 바꾸기 전에 '마지막이다' 하고 이곳에 왔습니다." 세계적인 자동차 회사에서 세일즈를 하는 박 과장은 그날 파김치가 되어 나를 찾아왔습니다. 그의 얼굴에는 오기와 약간의 분노가 서려있었습니다.

"전 제 직업에 대해 환멸을 느낍니다. 고객을 만나 상담을 하는 동안 저 자신이 마치 고객의 하인처럼 느껴졌어요. 사실 저도 공부할 만큼 했고 남에게 빠지는 것도 없는데 왜 이렇게 비굴해야 하는지 모르겠습니다."

"고객과 함께 있을 때 스스로 상대보다 낮은 존재라고 느끼나요?"

"그럼요. 동급으로 나가면 고객들이 좋아하나요? '왕'으로 받들어야 좋아하지요. 그래서 '고객은 왕이다. 고객은 신이다.'라는 말도 있잖아요.

"원래 제가 남한테 아쉬운 소리 못하고 사는 사람이에요. 그런데 고객과 이야기하다 보면 왠지 자존심이 상하고 기분이 가라앉아요. 특히 고객이 반말을 하면 속으로 화를 삼키지요."

"그렇게 고객 앞에서 자존심을 죽였는데도 박 과장님의 실적은 다른 사람보다 결코 좋지 않네요."

"그러니까 속상하지요."

"박 과장님이 생각하는 것처럼 고객들은 무조건 복종하고 띄워준다고 해서 좋아하지는 않습니다. 요즘 고객들은 왕이 되는 것을 거부합니다. 무조건 수직적으로 받들어 모시는 서비스는, 받는 사람에겐 부담을 주고 주는 사람은 굴욕을 느끼죠. 그런 서비스는 오래가지 못합니다."

"고객들이 변했다는 건가요?"

"고객들이 솔직해졌다는 이야기죠. 무조건 사장님, 사모님 하며 띄워주는 서비스보다 고객과 동등한 입장에서 컨설턴트 역할을 해주었을 때 고객은 신뢰감을 느낍니다. 더불어 그 차의 가치도 한층 높아질 수 있겠죠?"

"그러니까 선생님 말씀은 고객과 동등한 입장에서 당당하게 서비스를 제공하라는 거죠?"

"예, 한동안 우리 의식 속에 '고객은 왕이다'라는 말이 자리 잡아 서비스인은 노예와 같다는 편협한 생각이 팽배해 있었죠. 하지만 어떤 인간관계든 수직적인 구조는 오래 가지 못합니다. 같은 회사에 근무라는 강 이사님 아시죠? 그분의 서비스 비법을 아세요?"

"그분은 우리나라에서 가장 자동차를 많이 판 분입니다. 그분의 서비스 전략은 언제나 '나 자신을 통해 하의 가치를 알리자'였죠.

그분은 처음 만나는 자리에서부터 고객이 자신을 의지하고 진정한 파트너로 여기도록 전략을 세웠습니다. 차에 대한 자부심, 그리고 직업에 대한 자부심이 고객으로 하여금 큰 믿음을 갖게 만들었죠.

고객은 그 가치를 사는 겁니다. 훌륭한 옷차림에 자신감 넘치는 말투, 세련된 매너, 그리고 상대를 편안하게 해주는 화술…. 이런 것들이 고객을 매료시켰습니다.

박 과장님도 이제 수직적 서비스를 버리고 수평적 서비스로 접근 해보세요. 관심과 배려의 마음을 보이면 상대도 거기에 호응하게 되므로 결코 열등감을 가질 필요는 없습니다.

"말씀을 듣고 보니 그렇네요. 수평적인 서비스 개념으로 접근하면 고객이 거절했을 때도 무안하지 않을 것 같아요."

"그렇죠. 거절을 당하더라도 무너지지 않는 자신감, 그것이 고객의 마음을 다시 돌릴 수 있는 열쇠입니다."

"그런데 수평적 서비스를 제공할 경우 고객이 예전보다 공손하지 않다고 느끼진 않을까요?"

"아니죠. 고객에게 무조건 복종만 하는 서비스를 제공하면 원활한 커뮤니케이션이 이루어지지 못해요. 고객이 요구하는 경우에 거기에 따르니까요. 그런데 수평적 입장에서 서비스를 제공하면 서로의 의견을 타진하면서 보다 적절한 개선점을 찾아내기 때문에 오히려 서비스의 효과가 좋아지죠."

"알겠습니다. 오늘부터 저는 일류 자동차 컨설턴트로서 최고의 서비스로 무장한 고객의 파트너가 되어야겠네요. 한번 해보겠습니다."

> **메모**
>
> 진정한 서비스란 고객이 마음을 얻기 위해 굴욕적으로 순종하는 수직적 인간관계가 아니라 동등하게 의견을 주고받는 수평적 인간관계입니다. 복종하지 말고 상생(win-win) 합니다.

김수민 회장의 이야기와 깨달음
서비스는 장식이 아니라 생존 전략이다

며칠 전 만났던 변호가사 다시 찾아왔습니다.

"어때요. 유능한 변호사님이 서비스까지 잘하니까 의뢰인들이 많이 좋아하죠?"

"예, 의외라고 생각하나 봐요."

"물론 의외일 수도 있지만 고객은 점차 그런 걸 더 요구할 겁니다. 그런 의미에서 이렇듯 앞서가는 변호사님에게 유일한 일입니다."

"부족하나마 고객 만족을 실천하면서, 이것이 형식적인 문제가 아니라 생존 전략이라는 걸 배웠습니다. 사실 적절한 친절과 배려가 제 영업에 도움이 되리라고 생각은 했지만 이제 비즈니스의 필수하는 생각이 들더군요."

"이미 세계 경제의 흐름은 제조업 중심에서 서비스 중심으로 옮겨갔어요. 선진국의 경우 국내총생산에서 서비스 산업이 차지하는 비중이 미국이 74퍼센트, 싱가포르가 71퍼센트, 일본이 64.5퍼센트입니다. 우리나라의 경우도 서비스업 중심으로 산업 구조가 바뀌고 있습니다.

설사 서비스 업체가 아니라고 해도 서비스 없이 경쟁 시장에서 살아남을 수는 없습니다. 예를 들어 삼성의 제품이 아무리 뛰어나도 지속적인 서비스가 이루어지지 않으면 신뢰할 수 없죠."

"그야말로 서비스가 지배를 하는 세상이군요."

"맞아요. 어떤 분이 그러더군요. 앞으로 인류가 멸망할 때까지 지속될 화두는 고객 만족일 것이라고요. 실제로 서비스는 개인이나 기업의 경쟁력이기도 하지만 넓게 보면 한 국가의 사람의 질과도 연결이 되죠."

"제가 서비스를 실천하면서 느낀 건데, 여러 분야에서 서비스가 아직은 좀 미흡하다는 생각이 듭니다. 병원, 관공서, 법원, 식당 등에서요."

"갈 길이 멀죠. 세금이나 서비스 이용료를 내고 물건 값을 지불하는 한 우리는 어디에서나 고객으로서 대우받을 권리가 있습니다. 이를 읽어내지 못하면 개인과 기업과 국가는 결국 도태됩니다."

 메모

서비스는 선택의 문제가 아닙니다. 당면한 문제인 것입니다. 당신의 생존이 여기에 달려 있습니다.

김수민 회장의 이야기와 깨달음
일등공신을 현장에 남겨라

"미소가 참 멋지시네요!"

M그룹 계열사의 서비스 스타(뛰어난 서비스로 회사로부터 보상과 인정을 받은 스타급 직원)를 만나는 자리였습니다.

"고맙습니다. 하지만 요즘 거울로 제 얼굴을 보면 예전만큼 미소가 환하지 않습니다."

"왜요? 힘든 일이 있나요?"

"저는 얼마 전까지 고객과 직접 만나는 서비스 현장에서 근무를 했어요. 늘 밝은 제 얼굴을 보면서 고객 분들은 기분 좋아했고, 누구에게나 친절하게 서비스를 제공하자 소문이 나기 시작했습니다."

"모처럼 듣기 좋은 이야기입니다."

"그런데 이 소문을 듣고 회사의 경영진이 시찰을 나왔다가 제 서비스에 감명을 받으신 모양이에요. 급기야 저는 2계급 특진을 해서 관리직으로 승진을 했습니다."

"대단한 성공입니다!"

"그런데 문제는 거기서 부터입니다. 저는 현장에서 고객을 만나는 것이 좋습니다. 데스크에 앉아서 기안을 작성하고 교육을 기획하는 것은 전 도무지 소질이 없어요.

예전에 비해 업무 능률이 떨어지니까 회사에서도 슬슬 눈치가 보이더라고요. 현장에선 제가 상징적인 인물로 통했기 때문에 모두들 부러워했는데…. 요즘 참 힘들어요."

"본인만 힘든 게 아닐 겁니다. 들리는 소문에 의하면 김유민씨가 관리직으로 가면서 현장 서비스의 질이 많이 떨어졌다고 하더군요. 현장에 계실 때는 다른 직원들에게 좋은 귀감이 되었는데 말예요."

"어떻게 하면 좋을까요?"

"우선은 회사의 방침이 아쉽네요. 일을 잘하면 꼭 관리직으로 끌어올리는 인사 방침은 시정되어야 합니다. 회사 입장에선 이래저래 손해죠. 관리직에서는 능률이 안 오르고 현장의 서비스

질도 떨어졌으니까요. 더 큰 문제는 현장의 서비스인을 관리직으로 끌어들인다는 데 있어요. 바꾸어 말하면 이는 현장에 대한 천대입니다."

"사실 전 관리직을 원했거든요. 언뜻 보기에 근사하잖아요. 동료들도 부러워하고요."

"서비스 스타는 서비스 현장에서 빛을 발해야 합니다. 서비스 업체의 얼굴은 현장이지 사무실이 아니에요. 서비스 현장에서 고객 감동의 신화를 만들어내려면 서비스의 일등공신들이 꿋꿋하게 버텨주어야 합니다.

고객에게 인사를 하거나 시중드는 일은 신입사원도 할 수 있겠죠. 하지만 고객의 불만을 해결하고 그들의 심리 상태를 분석해서 적절하게 서비스하며 돌발적인 상황에 대처하는 능력은 유민 씨 같은 분에게 있잖아요.

세밀한 부분까지 장단점을 파악할 수 있기 때문에 다른 직원들에게 서비스의 표준을 제시할 수도 있고요. 그래야 현장의 다른 직원들도 제대로 된 서비스를 배울 수 있습니다."

"하지만 제가 다시 현장으로 갈 경우 사람들은 좌천됐다고 수군거릴 거예요. 일반적으로 관리직에서 현장으로 발령이 나면 자존심이 많이 상하죠."

"그런 생각부터 버리세요. 서비스 기업의 꽃은 고객이 있는 현장입니다. 유민 씨부터 서비스 현장에 대한 자부심을 가지세요. 또한 경영층의 관료적 사고방식도 바뀌어야 합니다.

제가 사장님을 한번 만나보죠. 서비스 현장은 직원들이 가장 가고 싶어 하는 선망 부서가 되어야 직원들도 자신감을 갖습니다. 그래야 늘 최고의 서비스를 원하는 고객들을 만족시킬 수 있고요."

> **메모**
>
> 현장은 서비스 업체의 중앙 무대입니다.
> 능력 있는 서비스인을 현장에 남깁니다.
> 그리고 최대의 명예를 안겨줍니다.

김수민 회장의 이야기와 깨달음
윗물이 맑아야 아랫물이 맑다

한 대학의 최고경영자 과정에 참석해 경영자들을 만났습니다.

"지난번 사장님 때문에 당황해서 제 얼굴이 화끈거렸습니다."

"왜요?"

"어떻게 아래 직원한테 그렇게 무례할 수 있죠? 말씀하시는 도중 전화벨이 울려 직원이 전화를 받으니까 호통을 치면서 그러셨잖아요. '내가 이야기 중인데 어디 감히 전화를 받느냐'고요."

"그거야 질책을 받는 와중에 전화벨이 울린다고 넙죽 전화를 받았으니 그런 거죠. 그게 어디서 배운 버릇인지 참…."

"사장님, 그 전화는 분명 고객의 전화였을 텐데요."

"그야 그렇지만…."

"직원들에게는 고객한테 잘해야 된다고 누누이 강조하시면서 사장님은 전혀 그런 면모를 보여주지 않으시는군요. 기업에서 CEO의 솔선수범은 중요한 원칙 중의 하나입니다. 직원들에게만 고객만족을 강요하시는 건 어불성설입니다."

"하지만 사장의 권위라는 것도 있는데…."

"고객 중심으로 행동했을 때 오히려 사장님의 권위가 더 선답니다. 사장님이 고객위에 서면 직원들도 고객위에 서려고 하죠. 하지만 사장님이 고객 앞에서 낮아질 때 직원들은 이를 보고 배우게 됩니다.

직원들 말에 의하면 사장님은 거의 서비스현장에 나타나시지 않는다고 하더군요. 이것도 아쉬운 점 중의 하나입니다."

"그거야 현장 감독들이 다 알아서 해야 하는 것 아닌가요?"

"사장님의 출현이 직원들에게 얼마나 큰 힘이 되는 줄 아세요? 관심을 보여주셔야 직원들이 잘합니다. 자주 나가 보세요. 몸소 실천하는 서비스는 어떤 슬로건보다도 강한 메시지를 드러냅니다.

굳이 강조하지 않아도 직원들 스스로 배우게 됩니다.『남자처럼 일하고 여자처럼 승리하라』의 저자 게일 에반스가 지적했듯이, CEO의 문화가 곧 그 조직의 문화가 됩니다. 그리고 IBM에서는 루 거스트너가 문화를 결정하죠. 사장님의 문화가 곧 기업의 문화인 것입니다."

"성공한 서비스 업체의 경영자는 이를 어떻게 실천하고 있나요?"

"사장님의 생활 자체를 바꾸어 보세요. 친절과 배려와 고객 중심으로 말입니다. 사장님이 서비스 현장에 나갔다가 휴지 한 조각을 주우면 직원들도 당연히 따라서 줍게 됩니다.

청결 그 자체가 그 기업의 문화가 되듯 경영자가 항상 고객 중심의 가치관을 가지고 있으면 저절로 교육이 되는 셈입니다.

가장 반발을 많이 사는 사장이 어떤 유형인지 아십니까? 본인은 서비스에 관심도 없으면서 직원들의 서비스를 체크한다며 전화 모니터링을 사내에서 실시하거나 직원별로 서비스 점수를 체크하는 사람입니다.

경영층이 모범을 보이면서 그렇게 한다면 잘하자는 의도로 이해될 수 있지만 서비스 정신없이 직원들에게만 강요하면 그것은 '감시' 체제이며 인격 모독입니다."

"그럼 어떤 사장이 인기가 많은가요?"

"사장님이 서비스 현장에 자주 나타나서 등 한 번 두드려주고 말 한마디 건네주는 게 직원들한테는 큰 힘이 됩니다. 그게 인기

비결이자 고객 만족의 비결입니다. 그렇게 하면 직원들은 자신들의 서비스에 든든한 받침대가 있구나 하는 느낌을 받게 되거든요. 수년 동안 강의를 하면서 제 마음을 사로잡았던 경영자들이 몇 분계십니다.

제과회사에서 직원들과 함께 서비스 연수에 참가하시는 성의를 보이시던 사장님과 사모님이 생각이 납니다. 또 한 딱딱한 병원 서비스를 바꿔보자며 직원들과 함께 교육을 받으신 모 병원장님이 생각납니다.

우리나라 대학 중 가장 먼저 서비스 개념을 도입해 보수적인 교수님들을 설득하려고 서비스 교육을 주관하신 총장님도 인상적이고요."

"노력하는 경영자들이군요."

"맞습니다. 그러니까 이제부터 사장님은 '진정한 서비스의 리더십'을 발휘하셔야 한다는 말입니다!"

"알겠습니다. 허허"

 메모

고객 만족을 원한다면 먼저 모범을 보입니다.
수천 마디 말보다 CEO의 실천 하나가 직원들에게는 보다 중요한 자극제가 됩니다.

김수민 회장의 이야기와 깨달음
인간은 이성적 존재, 고객은 감성적 존재

"성형외과에 근무하시네요?"

"예, 저희 원장님은 수술 실력이 뛰어나 명성이 자자한 분이세요. 제가 봐도 정말 수술을 잘하세요. 그런데 문제는 아주 실력 있는 분임에도 불구하고 환자분들, 그러니까 고객들이 별로 만족을 못하신다는 거예요.

왠지 불안해하고 어색해해요. 하지만 저희 옆 병원의 경우를 보면 실력은 비슷한 것 같은데 고객들의 표정이 밝고 결과에도 만족스러워 하더라고요."

"왜 그런지 고민은 해보셨나요?"

"원래 성형수술 자체가 심적 부담이 크니까 그러려니 했죠."

"고객의 서비스 판단은 간호사님의 기준과 다를 수 있습니다. 고객은 서비스를 받을 때, 특히 의료 서비스처럼 전문적인 영역에 관해서는 이성적으로 판단하지 않습니다. 즉 서비스의 결과에 대한 판단 기준이 이성적이거나 과학적이기 보다 감성에 치우친다는 거죠."

"고객의 기분이 중요하다는 말씀이시죠?"

"예, 의술이 아무리 뛰어나도 고객의 마음을 읽어내지 못하면 결과가 달라지죠. 판단은 고객이 하니까요. 고객의 얼굴을 예쁘게 고쳤더라도 심리적 위안을 못 준다면 그 수술은 실패한 겁니다."

"그러면 수술을 잘해놓고도 인정을 못 받는 경우가 많겠네요. 아, 그러고 보니 문제가 보여요. 저희 원장님은 과묵하고 말이 없는 성격이세요. 사람은 아주 좋은데 좀 무뚝뚝하시죠. 그래서 환자가 이것저것 물어보면 꼭 필요한 말만 하세요."

"성격을 좀 바꾸실 필요가 있겠네요. 그럴 경우에는 간호사분들의 도움이 필요하다는 건 말할 필요도 없겠죠? 고객의 감성에 부응하도록 노력해야 합니다.

서비스란 절묘하고 신비스러운 인간관계의 결과죠. 자로 재거나 수치로 나타낼 수 있는 게 아닙니다. 아무리 많이 배우고 교양 있는 사람이라도 고객이 되면 가끔 이성을 잃곤 하죠. 자신의 신체 사이즈보다 작은 옷을 달라고 하거나 옆 사람의 스테이크가 더 크다고 서운해 하기도 하잖아요.

고객에 대한 전반적인 이해가 없다면 서비스는 어렵습니다. 서비스는 누가 옳고 그른가를 따지기 전에 상대를 이해하려는 마음에서 출발해야 합니다.

제가 근무했던 놀이공원의 장미축제는 연인은 말할 것도 없고 남녀노소 모두가 즐기는 화려하고 아름다운 축제였어요. 어스름한 저녁에 찾아오는 연인들은 장미향 속에서 남에게 들킬세라 조심스레 나누는 입맞춤은 짜릿하겠죠.

하지만 화창한 대낮에는 나이 드신 아주머니들이 자기 세상이라 생각하고 소녀처럼 아름다운 꽃밭에 넋을 잃는 경우가 많습니다. 수백 종류의 장미가 어우러져 온통 주위가 꽃 천지일 땐 자신도 모르게 낭만적으로 변하게 되잖아요.

그런데 이 아름다운 꽃 때문에 직원은 하루 종일 뛰어다녀야 해요. 왜냐하면 주로 아주머니들이 꽃밭에 들어가 사진을 찍기 때문이죠.

꽃이 망가진다는 생각보단 좀 더 사진을 운치 있게 찍고 싶은 마음이 앞서기 때문입니다. 꽃밭에 들어가 몸을 꽃 속에 감춘 후 얼굴만 살포시 내민 사진을 찍고 싶은 마음은 어른이나 아이나 똑같으니까요.

　이 아주머니 고객들은 집에서는 어른스럽고 인자한 어머니겠지만 고객의 입장에 섰을 때는 감성적 존재가 됩니다.

　고객의 질서의식이 부족하다고 비판하기 전에 한 사람의 고객으로서 즐기고 싶어 하는 감성을 존중하고 이해하면 손님이 밉지가 않아요. 더불어 그 감성을 존중하는 자세로 응대하면 고객도 당신의 이야기에 귀를 기울이게 될 겁니다."

　"선생님 말씀을 듣고 보니 제가 고객이었을 때의 기분이 생각나네요. 물건을 살 때도 단지 '마음에 확 끌리는 것'을 사게 되죠. 콕 집어서 이게 왜 좋은지 설명하기보다 '난 그냥 이게 좋아'라는 말로 대신하게 되잖아요.

　그래서 보다 친밀한 것, 보다 많이 봤던 것, 첫 눈에 호감을 느꼈던 것을 선택하게 되는 경우가 많았던 것 같아요. 왜 기분이 좋으면 비싸도 그냥 선심 쓰듯 구입하지만 기분 나쁘면 천 원짜리 하나 가지고도 직원과 실랑이를 벌이게 되잖아요."

　"그래요. 고객을 알면 서비스가 보이게 마련입니다. 옳고 그름을 따지기 이전에 고객의 기분이 더 중요하다는 뜻입니다."

메모

 고객을 머리로 이해하려 들지 말고 가슴으로 이해합니다. 잘잘못을 따지기에 앞서 고객의 감정을 상하게 했다면 당신의 서비스는 이미 엉망인 것입니다.

김수민 회장의 이야기와 깨달음
고객은 누구나 특별한 사람이다

커피가 식어갈 무렵, 난 따끈한 차 한 잔을 더 시킨 후 간호사와 '고객'에 대한 이야기를 계속 이어 나갔습니다.

"간호사님, 고객을 감성적인 존재로 이해하는 데에서 한 걸음 더 나아가 마음 속 깊은 곳을 들여다볼까요? 사람들이 이 세상에서 자신이 가장 특별하다고 느낄 때는 언제일까요?"

"아마 결혼하는 날, 혹은 아이를 가졌을 때 등 이겠죠."

"그런데 알고 보면 자기 자신이 특별한 존재라고 느끼는 순간 순간은 의외로 많아요. 예를 들어 기념일을 축하하기 위해 저녁을 먹으러 호텔에 온 고객이나 겨울 코트를 사러 백화점에 온 고객도 그 순간만큼은 본인이 매우 특별하다고 느끼게 되죠. 만약 그런 감성을 이해한다면 고객을 특별하게 대접하겠지요.

하지만 많은 경우 고객 스스로 특별하다고 느끼게 하는 데 실패합니다. 간호사님, 병원을 찾는 환자들도 수술이 자신의 인생에 있어서 최대의 변화라고 생각하고 오겠죠?"

"예, 그런데 수많은 환자들을 대하다 보면 저한테는 다 그 사람이 그 사람같이 느껴져요."

"그런 마음이 고객을 서운하게 합니다. 자신의 주체성을 잃어버린 채 전체 고객 중의 한 사람이 되어버리는 거잖아요. 자신은 특별한 사람인데 그걸 못 채워주니까 서운한 거죠."

"맞아요. 제가 결혼할 때도 그랬어요. 그날은 누구든 세상에서 제일 예쁜 신부가 되고 싶잖아요. 그런데 결혼식장 스태프들의 무덤덤한 반응이라든가 다른 신부와 똑같은 화장이 마치 제게 공장에서 나온 규격품처럼 느껴지게 하더라고요. 돋보이고 싶었던 제 마음을 무시했어요."

"그래서 감동적인 서비스에는 특별한 대우를 받는 느낌이 꼭 들어가야 합니다. 고객을 뭉뚱그려서 도매금으로 넘긴다는 생각은 금물입니다. 오직 한 사람을 위한 서비스라는 느낌이 들게 해야 해요."

"오늘은 고객의 마음으로 돌아가는 연습을 해봐야겠네요. 고객의 감성뿐만 아니라 좀 더 돋보이고 싶은 심리까지 모두요."

"아마 그렇게 된다면 병원을 찾는 고객들이 더 행복해지겠네요."

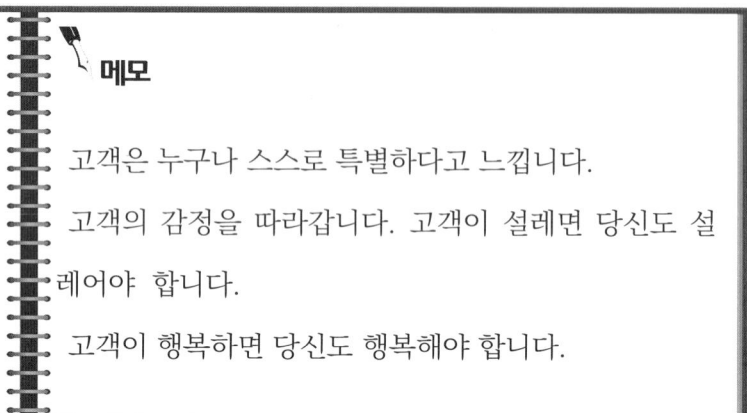

메모

고객은 누구나 스스로 특별하다고 느낍니다.

고객의 감정을 따라갑니다. 고객이 설레면 당신도 설레어야 합니다.

고객이 행복하면 당신도 행복해야 합니다.

김수민 회장의 이야기와 깨달음
고객은 라이벌이 아니다

 즐겨 보던 토크쇼의 사회자가 바뀌었습니다. 항상 신선하다고 느꼈던 그 프로의 매력이 사회자가 바뀐 이후 왠지 시들해졌습니다. 이전 MC보다 더 유명하고 섹시한 배우였는데도 말입니다. 그 프로를 연출하는 PD를 어느 날 사석에서 만났습니다.

 "오랜만입니다. 잘 지내시죠?"

 "잘 지내긴요. 요즘 저희 토크쇼의 시청률이 떨어져서 걱정입니다."

 "토크쇼도 서비스랍니다. 그렇다면 완벽한 서비스를 하셔야죠."

"조언 좀 해주시겠어요?"

"좋아요. 언제 한 번 저희 서비스 클리닉에 들리세요."

며칠 뒤 동그란 얼굴의 김 PD가 찾아왔습니다.

"어서 오세요. 사실 저도 그 토크쇼 가끔 보는데요. 예전에 배해 재미가 없더군요. 혹시 문제점을 분석해보셨나요?"

"알아냈으면 제가 여기에 왔겠습니까? 저 너름대로 시청률을 올려보려고 노력 중입니다."

"제가 곰곰이 생각해보니 게스트를 돋보이게 하는 데 실패했더군요."

"어떻게 돋보이게 하죠?"

"현재 새로 바뀐 MC가 토크쇼를 진행하는 걸 보니까 그날그날의 게스트를 부각시키는 능력이 부족하더군요. 게스트는 토크쇼에서 가장 빛나는 존재여야 합니다.

그런데 사회자가 게스트보다 화려한 옷차림에 더 우아하고 섹시하게 보이려고 하더군요. 진정으로 서비스 정신이 있는 사회자라면 자신보다 게스트를 돋보이게 하고 즐겁게 이야기할 수 있도록 도우미 역할을 해야 합니다.

날마다 바뀌는 게스트의 신선함이 이 프로그램의 매력인데 게스트보다 사회자가 더 튀니 시청자들의 관심이 멀어지는 것이 당연하죠. 그러다 보니 출연을 원하는 게스트는 점점 줄어들고,

결국에는 사회자의 우아함을 돋보이게 해주는 말 잘하는 개그맨만 나오는 겁니다."

"고객과 서비스인이 전도된 셈이군요."

"예, 사회자의 빛을 줄이세요. 그리고 그날의 게스트를 최고로 만들어 주세요. MC가 좀 푼수가 되더라도 그날의 게스트의 매력이 한껏 발휘된다면 결국 토크쇼는 성공할 겁니다."

"그런데 우리 프로그램의 사회자가 배우라서 그런지 게스트들을 굉장히 의식해요. 특히 나이나 인기가 비슷한 경우에는 서로 예쁘게 화면에 나오려고 보이지 않는 경쟁까지 합니다."

"게스트는 라이벌이 아니고 고객입니다. 그 고객이 시청자에게 매력적으로 보이도록 만들어주는 것이 사회자의 몫이죠."

김 PD가 돌아간 후 토크쇼는 점점 달라지기 시작했습니다. 게스트의 비중이 커지면서 솔직하고 소탈한 MC의 인기도 점점 높아갔습니다.

고객 서비스도 마찬가지입니다. 고객과 마주하는 순간 '나'라는 존재를 잊고 그 고객이 주인공이 되도록 노력해야 최고의 서비스를 제공할 수 있습니다.

김수민 회장의 이야기와 깨달음
기준은 고객이 정한다

"한 실장님, 어서 오세요. 요즘 미용실 잘되죠?"

"그럭저럭요. 그런데 오늘 손님하고 싸웠어요. 촌스러운 손님을 상대하다 보니 도대체 말이 통해야지요."

"무슨 일인데요?"

"짧은 커트 머리를 하러 온 손님이 있었거든요. 귀밑머리를 예쁘게 내었더니 그걸 자르라고 하는 거예요. 그래서 제가 말했죠. 그거 자르면 촌스럽고 나이 들어 보인다고."

"그랬더니요?"

"그래도 자꾸 잘라달라는 거예요. 전 전문가 입장에서 의견을 말해준 건데 안 믿잖아요. 그래서 인상을 좀 쓰면서 손님 원하는 대로 잘라주었더니 기분 안 좋게 했다며 불평을 늘어놓지 뭐예요."

"한 실장님도 손님을 위해 한 말이었는데 서로 감정이 상했군요."

"아니 적어도 미용실에 왔으면 머리는 전문가에게 맡겨야 되는 거 아닌가요? 절 뭘 로 보고 그러는지. 어련히 알아서 잘해줄까 봐."

"실장님, 그 손님이 아까 저희 서비스 클리닉에 다녀가셨어요. 그 분 직업이 치과 의사래요. 어린 나이에 개원해서 앳돼 보이면 업무에 지장이 있을까 봐 일부러 나이 들어 보이게 머리를 하신 거라고 하더군요."

"그래요?"

"요즘 손님들 잘 모르는 거 같아도 자기 스타일에 관한 한 전문가에요. 어떤 머리를 해야 자신이 잘 소화해낼 수 있는지 알거든요. 일을 하실 땐 기준을 실장님에게 두지 말고 손님에게 두세요. 예쁘다 안 예쁘다는 고객이 결정합니다. 아무리 최선을 다했다 해도 고객이 만족스러워하지 않으면 그 서비스는 다시 손봐야 하는 거죠."

"하긴 고객들이 많이 변하기는 했어요. 예전엔 '어떻게 해드릴까요?' 하면 '알아서 해 주세요' 했는데 요즘엔 '여긴 이렇게, 저긴 저렇게' 하면서 주문 사항이 많아졌거든요."

"점점 더 자기 욕구에 밝아지는 거죠. 서비스를 이용하는 목적은 심리적 만족을 위해서예요. 실장님의 의견을 강요한다면 머리가 아무리 멋져도 심리적인 만족감은 줄 수 없죠."

"기준은 고객이 정한다는 말이군요."

"예, 고객이 실장님 기준에 따라와 주면 기쁘게 응해주시고, 혹 자신의 의견을 고집해도 존중해주세요."

"더러는 고객이 더 정확할 수도 있는 것 같아요."

"그럼요."

메모

서비스의 기준을 자신이 정하지 마십시오.
좋은 서비스와 나쁜 서비스의 기준은 고객이 정합니다.
그리고 고객의 기준은 대부분 옳습니다.

김수민 회장의 이야기와 깨달음
고객의 요구는 항상 진화 한다

구청에 8년째 근무 중인 공무원이 내 방문을 두드렸습니다.

"항상 친절하려고 노력하는데 고객 만족도는 마냥 제자리예요. 저희는 어떻게 하면 민원인들에게 친절할 수 있을까 늘 고민합니다. 캠페인도 벌이고 합니다. 하지만 뭔가 잘 안 풀리는 듯한 느낌이 들어요."

"몇 년 사이 공공 서비스가 무척 좋아진 건 사실입니다. 단 고객의 변화를 따라가지 못하고 있습니다."

"고객이 변한다고요? 고객은 항상 친절한 서비스를 원해왔어요."

"그래요, 하지만 서비스가 완벽하려면 시스템 운영 자체가 고객중심으로 변해야 한다는 거예요. 친절이 모든 서비스를 대표하는 것은 아니죠. 조사 결과를 한번 볼까요?

공무원의 친절도 조사를 먼저 보죠. 2010년 자료를 보면 고객이 서비스를 평가하는 기준에서 친절이 차지하는 비중은 38.7퍼센트였어요.

그런데 2015년 제1차 공무원 친절도 조사를 보면 고객이 전체서비스를 평가하는 비중에서 친절도는 29.5퍼센트, 민원 처리의 간편성은 28.5퍼센트, 편의시설은 10.8퍼센트였어요. 친절의 비중이 줄고 다른 요소의 중요도가 올라갔죠. 이것은 고객의 기호가 변했음을 보여주는 사례입니다.

예를 들어 늘 불친절에 불만을 품었던 고객은 친절 서비스에 가장 호감을 갖고 또 감동하기도 합니다. 하지만 점차 친절 서비스에 익숙해지면서 거기에서 미진한 부분을 찾아내게 되죠.

그동안은 무뚝뚝하고 목에 힘을 잔뜩 준 공무원의 태도에서 친절은 가뭄에 단비처럼 고객을 행복하게 했지만, 시간이 지나면서 고객의 기준점은 더 높아지게 마련입니다.

'친절하기는 한데 기다리는 게 참 지루하다. 이럴 땐 좀 덜 친절하더라도 신속했으면 좋겠다' 하는 식이죠. 그래서 칼 알브레히트(Karl Albrecht)는 '고객의 기대는 진화한다(Customer expectation is progressive)'고 했습니다.

"그런데 공공 서비스는 좀 느려요. 절차도 복잡하고 새로운 흐름을 따라잡는 속도도 더디죠. 민원인이 서비스에 기대하는 바가 어떻게 변하는지 그 흐름을 읽어보세요."

"그래서인지 요즘 공무원들은 많은 고민을 합니다. 어떻게 하면 제대로 된 서비스를 할 수 있을까 하고 말이에요. 그런데 그러한 고객의 흐름을 읽기엔 성형이 너무 보수적이고 안주하는 편이죠."

"공무원들도 예전보다는 많이 바뀌었지만 더 분발해서 고객이 원하는 서비스취향을 따라 잡으셔야합니다."

"서비스라는 게 시대에 따라 조금씩 변해가는군요. 아니, 변해가는 게 아니라 진화한다는 말이 맞는 것 같네요."

"그래서 '서비스에 최고란 없다. 다만 최선이 있을 뿐이다'라고들 합니다."

메모

고객의 변화를 읽으십시오.
고객의 필요와 요구는 날마다 조금씩 변해갑니다. 당신의 서비스도 그에 맞추어 날마다 업그레이드해야 합니다.

김수민 회장의 이야기와 깨달음
고객도 자격이 필요한 시대이다

비행기에서 난동을 부린 바람에 기착지에서 쫓겨난 한 고객과 만났습니다. 그는 투덜대기 시작했습니다.

"용서가 안 돼요. 제가 그 항공사에 그동안 갖다 준 돈만 해도 어딘데.."

"물론 고객님은 그 항공사의 VIP 고객이십니다. 그런데 왜 그렇게 술을 많이 드시고 난동을 피우셨지요?"

"저도 그땐 제정신이 아니었어요. 하지만 아무리 그래도 고객인데 승무원들의 태도가 너무하더라고요."

"고객님은 술에 취해 승무원의 머리채를 잡고 소리를 질러댔습니다. 서비스인을 모욕했지요. 사실 이런 고객은 좋은 서비스를 받을 권리가 없습니다."

"고객이 갑인 세상에 무슨 그런 말을! 그럼 다른 항공사를 이용하면 되죠."

"다른 항공사를 이용하고 안하고 가 중요한 게 아니에요. 서비스인과 고객은 대등한 관계여야 하는데, 지금 고객님은 그 룰을 깨셨습니다."

"나는 내가 지불한 돈에 대해 충분히 대우받을 권리가 있어요."

"맞습니다. 당연하죠. 그런데 그건 권리 남용이었습니다. 서비스인이 고객에게 최상의 서비스를 제공해야 하는 건 사실이지만 인격적인 모욕까지 감수해야 하는 건 아니죠.

고객도 자질이 없으면 고객으로서의 권리를 상실합니다. 서비스가 좋아지려면 고객도 자질을 갖춰야 해요. 그것은 좋은 서비스를 제공하는 직원에 대한 예우이며 일류 서비스에 걸맞은 교양인의 기본 소양이죠. 불평등한 관계는 오히려 서비스의 품질을 떨어뜨립니다. 서비스인의 의욕을 잃게 하거든요."

"그런 경우가 많나요?"

"많죠. 금연 장소에서 담배를 피우는 사람, 예약을 안 하고 했다고 우기는 사람, 종업원의 실수를 놓고 터무니없는 보상을 요구하는 사람, 본인만 좋은 것을 달라고 우기는 사람, 주차 금지 구역에 차를 주차해놓고 무조건 버티는 사람, 혹인 직원에게 인격적인 모욕을 하는 사람은 좋은 서비스를 받을 권리가 없는 고객들입니다.

이제 모든 고객이 다 '손님'은 아닙니다. 서비스를 잘하는 직원도 무례한 고객을 만나면 눈앞에서는 손님으로 접대를 하지만 돌아가고 난 다음에는 '저 인간!' 하고 욕을 하게 됩니다. 현재 고객님은 손님이 아니라 '저 인간'이 되어버리신 거죠."

"............"

"서비스가 좋다는 선진국에서도 기본이 안 된 고객에겐 고객 대접을 해주지 않습니다. 왜냐하면 서비스는 자선 사업처럼 자기를 희생하면서까지 할 만한 일은 아니기 때문입니다. 이제는 고객도 자격을 갖춰야 하는 시대가 왔습니다."

"............"

> **메모**
>
> 모든 고객이 다 왕이 아닙니다.
> 왕다운 품위를 갖춘 고객에게만 진심 어린 응대가 나오는 법입니다.

김수민 회장의 이야기와 깨달음
칭찬은 서비스의 도화선이다

신문사 기자와 저녁 식사를 하였습니다. 입맛이 까다로운 그 기자는 메뉴가 나올 때마다 본인의 취향대로 다시 해달라고 주문을 했습니다. 그런데 직원은 얼굴빛 하나 바꾸지 않고 매순간 완벽한 서비스를 실행하였습니다. 그럼에도 감사의 말 한마디 없는 그를 보면 내가 핀잔을 주었습니다.

"장 기자님, 이렇게 공들여 음식을 준비해주는데 고맙다는 말 한마디 없다니 너무하신 거 아닌가요?"

"에이, 그러니까 일류 호텔이지 무궁화는 괜치 붙여줍니까? 이 정도 서비스는 당연한 거 아닙니까?"

"물론 서비스를 잘하는 것이 일류 호텔의 의무죠. 그렇더라도 고생하는 직원에게 '고맙다'는 인사 정도는 해야지요. 거기에 칭찬까지 더한다면 힘이 나고 보람도 느끼지 않겠어요?"

"표현 안 해도 알겠죠, 뭐.. 그런 건 습관이 안 돼서....."

"여기저기 뛰어다니며 열심히 일하는 사람에게 무덤덤하게 대하면 서울할 거예요. 잘한 건 잘했다고 칭찬해주어야 다음 손님에게 기쁜 마음으로 서비스를 더 잘할 수 있지 않겠어요? 훌륭한 서비스가 나올 때마다 감사의 표현을 해주세요. 예를 들어,

◇ 정말 고맙습니다. 저 때문에 퇴근 시간이 늦어졌네요.

◇ 생각보다 빨리 오셨네요. 고맙습니다.

◇ 우리 아이가 참 좋아하더군요. 고맙습니다.

◇ 음식이 참 맛있네요. 또 와야겠어요.

미국에 몇 개월 머물 기회가 있었는데요. 그곳에서는 점포 문을 들어설 때 손님이 먼저 인사를 건네는 경우가 많습니다. 그들의 칭찬방법은 감사를 전하는 식이지요.

연말이면 단골 세탁소에 1년 동안의 노고에 대한 감사의 표시로 꼭 카드와 선물을 보내주는 세심한 고객도 많습니다. 그런 노력은 서비스인에게는 보람을 느끼게 해주고 고객 자신에게는 더 좋은 서비스를 받을 수 있는 저축이 됩니다."

메모

 서비스란 직원과 고객이 함께 만들어가는 공동의 감성 터치입니다. 당신을 위해서 최선을 다하는 서비스인을 위해 칭찬을 아끼지 마십시오. 그 칭찬은 또 다른 고객 서비스를 위한 힘이 됩니다.

김수민 회장의 이야기와 깨달음
불만 표현에도 요령이 있다

장 기자와 계속 이야기를 이어나갔습니다.

"우리의 경우 칭찬에도 인색하지만 불만을 이야기하는 방법에 있어서도 많이 서툴러요. 상대를 모욕하거나 소리를 높여서 주위 사람들을 놀라게 하는 경우가 많거든요.

그것은 불만을 그때그때 이야기 하지 않고 마음속에 쌓아두었다가 한꺼번에 폭발시켜서 그래요. 서비스인의 사소한 실수가 누적되어서 그렇기도 하지만, 아예 교양이 없어서 그런 경우도 많지요."

"그런 문화를 없애려면 어떻게 해야 할까요?"

"잘못된 서비스에 대해서는 참지 말고 하나하나 불만을 표시하는 방법부터 배워야 합니다."

"마음속에 쌓아두지 말라는 얘기죠?"

"예, 누적된 불만은 자가 증식을 하게 마련이거든요. 일단 불만은 표출되어야 합니다. 그래야 고객으로서 제대로 된 대접을 받을 수 있고 차후의 서비스 품질도 좋아집니다. 서비스의 품질을 저해하는 요인 중 하나는 '에이, 다음부터 오지 말아야지, 이번만 참자'라는 생각입니다.

관공서에 가서 공무원에게 왜 그렇게 불친절하냐고 따져본 사람이 몇이나 될까요? 툭 내던지는 쌀쌀맞은 전화 응대에 호통을 치는 고객이 얼마나 있을까요? 만약 우리가 불만 표현에 훨씬 적극적이었다면 우리의 서비스 문화는 지금보다 더 좋아졌을 것입니다.

정중하고도 품위를 지키면서 불편에 대해 이야기하면 서비스인은 부끄러워할 것입니다. 화도 그때그때 풀어야 합니다. 자신의 의사를 표현할 줄 아는 고객이 되어야지요. 그저 참고 있다가 한꺼번에 폭발시키는 경우가 대부분인 우리의 불평 문화는 바뀌어야 합니다.

의사나 변호사 같은 전문직 종사자들의 서비스에 대해 불평할 수 있는 고객은 과연 몇이나 될까요? 알고 보면 가격이 비싸고

위험 부담이 큰 만큼 고객의 요구할 권리 또한 당연한데 실제로는 그렇지 못한 것 같습니다.

한국소비자보호원에서 발표한 자료에 의하면, 변호사의 서비스를 이용해본 사람 중 72퍼센트가 불만을 느낀 더 반해 이들 중 4.6퍼센트만이 민원기관에 의뢰하거나 소송을 제기했고, 32.3퍼센트만이 불만을 이야기하는 데 그쳤다고 합니다.

그러니까 많은 사람들이 변호사의 서비스에 불만을 느꼈음에도 별다른 항의 없이 수임료를 지불했다는 것이죠.

왜 그럴까요? 아마 전문 지식이 부족해서 그럴 수도 있고 특별히 찾아갈 만한 기관이나 단체가 마땅치 않아서일 수도 있습니다. 백화점이나 음식점에서만 고객의 목소리가 커져서는 안 됩니다. 전문직 종사자들의 서비스에 대한 불만도 밖으로 표출해야 합니다.

불만 표현에도 요령이 있습니다. 불만 표출의 목적은 '문제해결'인데 그 방법이 서툴러서 감정의 골이 깊어지면 전혀 엉뚱한 결과를 초래할 수도 있거든요. 불만을 표현해서 보상을 받았음에도 그 과정에서 고객이 상처를 입을 수도 있다는 거죠."

"하지만 문제가 해결되지 않으면 과격해질 수밖에 없지 않습니까."

"그렇지만 직원이 서비스 품질을 개선하려는 노력을 하기도

전에 감정이 상하면 오히려 문제 해결의 가능성은 줄어듭니다. 불만을 이야기할 때는 소리를 지르거나 화를 내지 말고 반말 혹은 삿대질 같은 것도 금해야 합니다.

서비스인을 모욕하는 방식으로 불만을 토로한다면 고객에게 돌아오는 것은 '원망'뿐입니다. 아무리 본인이 잘못했더라도 고객이 자존심을 건드리면 감정이 상할 수밖에 없으니까요. 다음과 같이 이야기 해보십시오.

첫째, 품위 있게 불만을 이야기 하는 것이 중요합니다. 만약 이렇게 해도 해결이 안 되면 그 다음에 윗사람을 찾아도 늦지 않습니다.

둘째, '상황'에 대한 불만을 이야기하세요. 책임을 전가하거나 직원을 책망하는 식의 불만 토로는 문제를 해결하지 못하고 서비스의 효과도 반감됩니다. 왜냐하면 서비스의 잘잘못을 떠나 일단 감정을 다치면 관계가 악화되기 때문입니다.

'당신 말이야, 내 말을 어디로 들은 거야. 이 회사 그만 다니고 싶어?'라는 식의 협박조는 반항심만 불러일으킬 뿐입니다. '약속이 지켜지지 않아 제 입장이 아주 곤란해졌습니다. 바로 해결을 부탁드립니다.'라는 식으로 이야기를 해야 합니다. 그래야 상대방이 미안한 마음을 가지고 문제를 해결할 수 있습니다.

김수민 회장의 이야기와 깨달음
타고난 서비스인을 선택하라

 평서 친분이 있던 헤드헌터 한 분이 나를 찾아왔습니다.
 "왠일이세요. 헤드헌터께서 이곳엘 다 찾아오시고. 혹시 절 스카우트하러 오신 건가요?"
 "아, 상담 좀 드리려합니다. 제가 인력 스카우트를 하면서 가장 힘든 일이 서비스업 종사자를 선택하는 겁니다. 똑같은 서비스인을 뽑으면서도 어떤 회사는 학력을 보고 어떤 회사는 외모를 중요시하고 어떤 회사는 인성을 주로 봅니다. 도대체 고객을 상대하는 서비스인에게 가장 중요한 자질이 뭡니까?"
 "다른 직업도 마찬가지겠지만 서비스인에게도 특별히 요구되는 자질이 있습니다. 만약 이 자질이 충족된다면 고객 만족을 보다 훌륭하게 수행해내겠죠. 실제로 서비스가 좋다는 병원이나 은행에도 불친절한 직원은 있게 마련입니다.

반면 불친절하다는 대학 종합병원에도 친절한 사람은 있습니다. 즉 서비스를 제공하는 데에는 나름의 성향과 재능이 있다는 얘깁니다. 태어나면서부터 서비스와 유독 궁합이 잘 맞는 사람이 있습니다."

정말 그런가 봐요. 얼마 전에 일류대를 나온 참신한 여자 분을 항공사에 추천했습니다. 그런데 회사 내 평판이 좋지 않고 본인의 만족도도 별로더라고요. 그녀는 착하고 차분한 성격인데도 적성에 맞지 않아서인지 많이 힘들어했습니다.

소심한 편이라 고객이 불만을 얘기하면 얼굴이 빨개지고 말문이 막히곤 했지요. 또 원해 웃음이 적어서 고객과 이야기할 때 좀 우울한 느낌을 주었나 봐요. 소극적인 성격 때문에 고객의 문제를 적극적으로 해결해주지 않는다는 오해를 사기도 했습니다.

제가 보기에 그녀는 꼼꼼하고 수학적 계산이 빠를 뿐만 아니라 업무 처리를 이해하는 속도도 빨랐습니다. 동료들도 잘 챙겼고요. 그런 그녀의 장점이 부각되지 못하고 단점만 드러났습니다."

"그런 분의 경우 지원 부서나 관리 부서에서 일하는 게 적당하지, 고객과 마주 대하는 현장 스타일은 아닙니다."

"그런데 그녀가 항공사에 근무하는 게 소망이라고 했습니다."

"서비스업 자체를 좋아한다 해도 적합한 적성은 따로 있습니다."

"그런 것 같습니다. 그렇다면 어떤 점을 중점적으로 보아야 할까요?"

"그동안 서비스 업체도 다른 기업과 마찬가지로 인재를 뽑는 기준이 서비스 수행 능력에만 편중되어 있습니다. 그래서 기술, 지식, 외모, 학벌 등이 주요 평가 요소였습니다.

하지만 고객을 상대하는 업무를 수행할 경우 이런 능력만 가지고는 한계가 있습니다. 고객에게 감동과 기쁨의 메시지를 전해주기에는 이 모범생들의 연출력이 다소 부족합니다.

고객 서비스의 윤활유가 되는 것은 서비스 성향(service inclina-tion)입니다. 가치관, 사교성, 상대에 대한 배려 등이 중요합니다.

특히 대부분의 고객이 수동적이고 정적인 우리나라에서 더욱 그렇습니다. 흔히 서비스업은 누구나 할 수 있다고 생각하지만 그렇지가 않습니다.

자, 자신이 서비스 성향을 가지고 있는 사람인지 아닌지 테스트할 수 있는 간단한 체크 리스트가 있습니다. 한번 해볼까요?

변 팀장님도 본인의 서비스 성향이 어떠한지 점검해보시죠."

* 다음은 서비스 성향 체크 사항입니다. 이 평가 기준은 상대애 대한 관심과 배려도, 표현력, 의사 결정 스타일, 생활 태도, 사교성을 기초로 만든 것입니다.

1. 나는 처음 만난 사람과 대화하는 것을 좋아합니다.
2. 친구가 고민을 털어놓을 때 어떻게든 해결해주려고 노력하는 편입니다.
3. 나는 명절에 집안이 시끌벅적한 것이 좋습니다.
4. 처음 본 사람들은 나에게 호감 가는 인상이라고 말합니다.
5. 친구가 오해를 하고 화를 내도 일단 참고 보는 성격입니다.
6. 길을 가다 누군가 길을 물어보면 자세히 알려주는 편입니다.
7. 친구나 가족을 위해 깜짝 파티를 준비해 본적이 있습니다.
8. 사람들은 내가 매사에 긍정적이라고 합니다.
9. 나는 어른을 만날 때와 친구를 만날 때의 옷차림을 구분하는 편입니다.
10. 나는 한 가지 일을 짜증내지 않고 꾸준히 하는 편입니다.
11. 나는 상대의 얼굴만 봐도 마음 상태를 알 수 있습니다.
12. 나는 자원 봉사를 하거나 후원금을 낸 적이 있습니다.
13. 나는 주위 사람들에게 상냥한 편입니다.
14. 약속이 있을 경우 털털한 모습으로 나가기보다 꾸미고 나가는 편

입니다.
　15. 지하철이나 버스를 타면 노약자에게 자리를 양보합니다.
　16. 필요하다면 자존심을 버릴 용기가 있습니다.
　17. 주위 사람들에 대해 관심이 많은 편입니다.
　18. 평소에 설득력이 강한 편입니다.
　19. 나는 사진을 찍을 때 활짝 웃는 모습이 자연스럽습니다.
　20. 문제를 해결할 때 감정보다는 이성을 앞세웁니다.

"다 하셨습니까? 16개 항목이 해당되는군요. 훌륭합니다. 자, 이것이 결과입니다."
　(A형: 16- 20, b형: 11-15, C형: 6-10, D형:1-5)

　A형 당신은 타고난 서비스인입니다. 만약 서비스업을 택하면 아주 훌륭하게 고객 만족을 실천할 수 있습니다. 지속적으로 단골 고객을 만들 수도 있고, 문제 해결 능력도 뛰어납니다. 사람을 직접 상대하는 직업이 가장 잘 어울립니다.

　B형 당신은 비교적 높은 서비스 성향을 가지고 있고 인간관계도 원만한 편입니다. 서비스업을 택해도 무난하게 어울릴 것 같군요 .부족한 면이 있다면 아직 서비스 방법을 잘 모르거나 회사

에서 충분한 자극을 주지 않았기 때문이므로 당신은 얼마든지 서비스를 잘할 능력이 있습니다.

C형 당신은 잠재적으로 서비스 성향이 어느 정도는 있습니다. 하지만 지금 충분한 동기 부여가 되지 않아 당신의 능력이 발현되지 못하고 있으며, 어떤 때는 서비스를 잘하다가 어떤 때는 트러블이 생기는 등 변화가 조금 심한 편입니다.

약간 무뚝뚝한 편이어서 오락, 레져, 식당의 서비스보다는 증권이나 은행처럼 차분하고 정확성을 요하는 서비스가 더 잘 어울립니다. 만약 서비스업에 관심이 있다면 교육에 참여하거나 자기 계발을 통해 능력을 보여줄 수 있습니다.

D형 당신은 서비스업에 종사하기에는 조금 부담스러운 서비스 성향을 가지고 있습니다. 오히려 업무를 기획하거나 지원하는 쪽이 더 울리겠습니다.

반면, 본인 스스로 그러한 성향을 알고 있기 때문에 다른 사람의 서비스를 정확하게 평가할 수 있는 장점이 있습니다.

"자, 보세요. 이렇게 성향별로 지수를 평가해보는 방법도 있습니다. 고객과 대면하는 정방부서의 직원들은 적성에 잘 맞아야 본인이나 고객이 다 편합니다.

서비스를 제공하는 것이 즐겁고 서비스의 실천이 스스로 자연스럽다고 느끼는 사람이 적격입니다. 새로운 사람을 만나는 일이 귀찮고 누군가의 비위를 맞추는 일은 자존심 상하고 세심하게 챙겨주는 것을 귀찮아하는 사람은 서비스업과는 거리가 멉니다.

물론 노력으로 어느 정도까지는 개선시킬 수 있지만 그런 서비스에는 한계가 있습니다. 서비스의 성향이 낮은 사람이라면 간접 서비스 방면이 더 적합하고, 같은 서비스업이라도 발랄해야 하는 서비스보다는 이성적이고 차분한 서비스가 더 잘 어울립니다.

인재를 스카우트할 때는 타고난 서비스인을 선택하십시오, 특히 고객과 직접 상대하는 현장의 직원이나 매니저를 추천할 때는 더더욱 말입니다. 실제 사례가 있습니다.

싱가포르 항공이 승무원들은 표정이 아주 밝습니다. 그렇다고 입사해서 비행을 하기 전까지 특별히 스마일 교육을 받는 것은 아닙니다. 하지만 미소가 굉장히 밝고 아름답습니다. 왠지 아십니까? 뽑을 때부터 잘 웃는 사람을 선택하기 때문입니다."

"타고난 천성에 노력까지 더 한다면 정말 환상적이겠습니다."

김수민 회장의 이야기와 깨달음
친절 위에 카리스마를 얹어라

문으로 들어서는 사람은 20대 초반의 여성이었습니다.

"텔레마케터 일을 하십니까? 하루에 전화는 몇 통 정도 받으세요?"

"한 200통 됩니다."

"그런데 무슨 문제가 있으신가요?"

"저는 굉장히 친절한 편입니다. 단골 고객들이 제 이름을 기억했다가 통화를 청하실 정도죠. 그런데 처음 저하고 통화하시는 분들은 별로 미더워하지 않으세요. 왜 그런지 이유를 모르겠습니다. 저는 정말로 친절하려고 애쓰거든요."

"그럼 한번 재연해볼까요?"

나는 그녀에게 휴대폰을 건네주고 잠시 후 전화를 걸었습니다. 수화기를 통해 흘러나오는 그녀의 목소리는 정말로 예의바르고 친절했습니다. 전화를 끊고 나서 진단을 내렸습니다.

"친절한 건 아주 좋은데, 하나가 빠졌습니다."

"그게 뭐죠?"

"카리스마입니다."

"카리스마요? 전 서비스인입니다. 그건 조직의 보스나 리더에게 필요한 것 아닌가요?"

"직종을 불문하고 어느 정도의 카리스마는 필요합니다. 자, 통화 내용을 녹음했으니 한번 들어보십시오. 본인 목소리가 어떻게 들립니까?"

"굉장히 어리고 앳된 목소리입니다. 친근감은 있지만……"

"그렇죠? 고객은 신뢰감과 안정감을 주는 목소리를 원합니다. 지금 손님의 목소리에는 의젓함이 없습니다. 더욱이 고객의 밀린 통신 요금 관리와 통화 해지 업무를 담당한다면 어느 정도 무게감을 실어서 고객을 설득할 수 있어야 합니다. 친절은 어느 정도 카리스마가 실려 있을 때 큰 효력이 발휘합니다."

"한 번도 그런 생각은 해본 적이 없는데요."

"친절하고 부드럽고 세심한 것이 중요한 서비스에서 왜 '카리스마'가 필요할까요? 비행기 안에서 고객에게 안전벨트를 착용하라는 메시지를 전달할 때 친절하기만 하면 고객은 자칫 그 권고를 흘려버릴 수도 있습니다.

밀린 휴대폰 요금을 내라고 할 때도 어린아이처럼 속삭이면서 말하면 설득력이 없습니다. 공항의 검색대에서 직원이 친절만 베풀면 고객이 요구에 순순히 응하지 않을 수도 있습니다.

금연 구역에서 '나 하나쯤이야' 하는 생각에 담배를 피울 수도 있습니다. 특히 고객의 신분이 높거나 무례한 사람일 경우 카리스마는 더욱 더 필요합니다.

다음은 신뢰성 문제가 있습니다. 예를 들어 고객이 회사에 전화를 했을 때 마냥 친절하기만 한 음성보다는 카리스마와 더불어 묵직한 품위가 느껴지는 음성에 더 신뢰감을 느끼게 됩니다.

부드럽거나 어리다는 느낌만 주면 그 서비스의 가치를 느끼지 못합니다. 카리스마는 통화에서뿐만 아니라 고객 응대 현장에서도 필요합니다.

"어떻게 해야 친절과 카리스마가 동시에 느껴지나요?"

"몇 가지 예를 보여드리겠습니다."

고객에게 친절과 카리스마를 동시에 전하는 전략

◇ 용모, 복장에서 전문가다운 느낌을 주어야 합니다.
◇ 말투는 정중한 대신 표정은 밝아야 합니다.
◇ 규정을 이야기 할 때는 가벼운 고음보다 부드러운 중간 톤의 음성을 사용합니다.
◇ 자신감 있게 가슴을 활짝 펴되 허리를 굽히거나 고개를 숙일 준비가 되어 있어야 합니다.
◇ 매너가 좋아야 합니다.
◇ 쉽게 흥분해서는 안 됩니다.
◇ 어린아이 같은 말투는 피합니다.
◇ 고객의 질문에 대비해 충분한 정보를 가지고 있어야 합니다.

메모

친절이 모자라면 무성의해 보이고, 친절이 지나치면 가벼워 보입니다. 당신의 친절 위에 카리스마를 얹으십시오. 90퍼센트의 친절 위에 10퍼센트의 카리스마가 얹히면 당신은 부드럽고 위엄 있는 서비스인이 될 것입니다.

김수민 회장의 이야기와 깨달음
즐겁게 가르치면 즐겁게 행한다

은행의 인재개발팀에 근무하는 허 차장을 만났습니다.

"매년 저희가 직원 교육에 투자하는 비용은 엄청납니다. 그런데 그 교육이 얼마나 고객 만족에 기여했는지는 피부로 느껴지지 않습니다. 교육을 계속하지니 의구심이 생기고 안 하지니 걱정이 되고 갈피를 못 잡겠습니다."

"서비스 교육을 많이 받는다고 해서 효과가 크게 나타나는 건 아닙니다. 그 교육이 인내심을 요구하는 작업이라면 더더욱 그렇습니다. 제가 서비스 교육을 나가면서 가장 아쉬웠던 건 많은 비용에 비해 효과 없는 교육을 실시하는 경우가 많다는 겁니다.

각 회시가 서비스 교육을 실시하는 이유는 고객 서비스를 잘하기 위해서인데 오히려 직원의 사기만 떨어뜨리는 경우가 많습니다."

"어떤 경우에 그건가요?"

"교육을 무슨 벌칙처럼 이용하거나 창구 여직원에게만 실시하거나 매번 같은 내용을 질리도록 반복하는 경우죠. 그런데 더 큰 문제는 직원들이 그런 교육을 굉장히 재미없어한다는 거예요."

"교육을 무슨 재미로 합니까? 진지할 필요가 있지 않나요?"

"교육이 꼭 진지하고 근엄할 필요는 없습니다. 서비스 교육은 고객을 만나는 방법과 서비스를 제공하는 기술을 배우는 과정입니다. 그렇다면 그 교육이 사람을 만나는 일처럼 자연스럽고 즐거워야지요. 의무감으로 받는 교육보다는 서비스인으로서의 자부심을 느낄 수 있는 교육이어야 합니다."

"현재의 교육 방법이 달라져야 한다는 얘기군요?"

"맞습니다. 일렬로 책상에 앉혀놓고 서비스의 중요성에 대해서 아무리 소리 높여도 한 귀로 듣고 한 귀로 흘려버리게 됩니다."

"그럼 어떤 방법이 좋겠습니까?"

"재미있는 게임을 하거나 조별 토론을 통해 의견을 발표하게 하면 좋겠죠. 혹은 수수께끼나 퀴즈 등을 활용해도 괜찮습니다.

그러면 충분히 경험을 공유하고 서로 허심탄회하게 이야기를 나눌 수 있을 겁니다. 실제로 서비스 교육은 강사를 통해서보다 동료들과의 대화를 통해 더 많은 걸 배울 수 있습니다.

요즘엔 '교육(education)이라는 말과 '오락(entertainment)이라는 말이 합해져서 'edutainment'라는 말이 종종 쓰입니다. 교육에 오락적 특성을 가미한다는 의미입니다.

자유롭고 열린 토론 분위기 속에서 다양하게 즐기는 게임과 역할 연기가 중요합니다. 관찰력을 키우고 팀워크를 갖추게 되면 교육 내내 여유가 생깁니다. 그러면서도 내용에 알맹이가 있는 교육, 이런 교육만이 고품격이 서비스를 창출 할 수 있습니다."

"더 구체적인 방법을 말씀해주시겠습니까?"

"네, 한번 보겠습니다."

효과적인 교육 기법

[1] 눈을 즐겁게 합니다.

모든 내용을 담당 강사의 강의로만 채우지 말고 볼거리를 다양하게 제공합니다. 파워 포인트, 도형, 그림 등으로 채워진 교육은 직원들을 즐겁게 합니다. 화이트보드에 수성 펜 하나만

갖추어진 강의는 직원들을 지루하게 할 뿐입니다.

[2] 입을 즐겁게 합니다.
서비스 교육은 성인 교육입니다. 학교 교육도 아니고 민방위 훈련도 아닙니다. 쉬는 시간 틈틈이 맛있는 음료와 다과를 준비해서 인슐린 분비를 적당이 늘려주는 것이 좋습니다.

[3] 귀를 즐겁게 합니다.
성인 교육이다 보니 아이들보다 집중력이 떨어집니다. 따라서 지속적인 관심을 끌기 위해 진행자의 산뜻한 유머가 필요합니다. 정치적 가십이든 야한 농담이든 아니면 일상의 에피소드든, 교육은 일단 재미있어야 합니다.

[4] 몸을 적당히 움직입니다.
고객만족을 위한 노력은 특별히 높은 지적 수준을 요구하거나 새로운 학설을 받아들여야 하는 것이 아닙니다. 우리가 이미 알고 있는 것들인데 다만 실천으로 연결되지 않을 뿐입니다.
머리로만 이해하는 교육보다는 실제로 감을 익히도록 하는 것이 중요합니다. 따라서 내용을 익히고 난 후에는 적당히 몸을 움직이며 그것을 실습할 수 있는 시간을 갖도록 합니다.

맺음말

20대 초반 외국을 다니며 외국사람들의 마인드를 배웠습니다. 그 사람들의 매너와 에티켓이 참 좋았습니다. 우리나라 사람들은 왜 저러지 못할까... 외국에만 나가면 신사로 변하고 정작 내 나라에서, 또 나의 가족에게는 너무나 편하게 대합니다.

전 모르는 사람에게 차가웠습니다. 가까울수록 더욱 아끼고 배려를 합니다. 내가 사랑하는 사람이 소중하고 나를 사랑해주는 사람이 참 소중합니다.

가족이란 이름은 나의 직계가족도 있지만 직장에서 매일 만나는 동료들, 나를 찾아오는 고객들이 나의 가족입니다. 내 자신을 아껴야 상대방도 나를 진정 아껴줍니다.

내 가족을 내가 아껴야 다른 가족들이 내 가족을 함부로 대하지 않고 존중하고 아껴줍니다. 지금 대한민국은 위기이며 기회의 시대입니다. 평생직장이라는 개념은 없어진지 오래고, 은퇴시기는 점점 빨라지고 있습니다.

인생에 돌파구가 필요합니까? 기다리는 자에게는 아무도 기회를 주지 않습니다. 지금 바로 이 책을 읽고, 그리고 실행하십시오! 나를 품위 있고 고급스럽게 만들어 진정한 감성 서비스를 할 수 있도록 말입니다.

고객의 마음을 움직이는 1인세일즈

초판 1쇄 인쇄 | 2018년 12월 10일
초판 1쇄 발행 | 2018년 12월 15일

지은이 | 김수민
발행인 | 김수민
발행처 | 시현미디어
등록일 | 2018년 4월 27일, 제2018-148호
주소 | 경기도 파주시 미래로 345 701동 904호
전화 | 010-5220-1636
메일 | soo770111@naver.com

본 제작물의 저작권은 '시현미디어'가 소유하고 있습니다.
저작권법에 의하여 한국 내에서 보호를 받는 저작물이므로
무단 전제와 무단 복제를 금합니다.

979-11-965557-0-2 (03320)

책값 2만 원